中外文稀有版本文献

# 《路易·波拿巴的雾月十八日》

④

## 拿破仑第三政变记

【德】卡尔·马克思◎著
柯柏年◎译

中央编译出版社
CCTP Central Compilation & Translation Press

# 《路易·波拿巴的雾月十八日》的出版与传播

## （代序）

恩格斯在1885年《路易·波拿巴的雾月十八日》（简称《雾月十八日》）第三版序言中指出："马克思立即写出一篇简练的讽刺作品，叙述了二月事变以来法国历史的全部进程的内在联系，揭示了12月2日的奇迹就是这种联系的自然和必然的结果，而他在这样做的时候对政变的主角除了给予其应得的蔑视以外，根本不需要采取别的态度。"①尽管马克思直言《雾月十八日》是在形势的直接逼迫下写成的，但是"研究这部作品的写作过程，不仅可以窥探马克思的世界观的发展，而且可以瞥见他的创造性的实验"②。相比于维克多·雨果的《小拿破仑》、蒲鲁东的《从十二月二日政变看社会革命》，《雾月十八日》得到更为广泛的传播和影响。因而本文重点考察《雾月十八日》的写作过程及其出版遭遇、国内外传播及其深刻的影响。

## 一　《雾月十八日》的出版

在魏德迈到达纽约之后，1851年10月31日马克思致信建议他从事书籍出版事业，从《新莱茵报。民主派机关报》《新莱茵报。政治经济

---

① 《马克思恩格斯文集》第2卷，北京：人民出版社2009年版，第468页。

② 〔苏〕纳·维·库德里亚绍娃：《马克思创作〈路易·波拿巴的雾月十八日〉曾依据什么资料》，载《马克思恩格斯研究》1989年第2辑，第286页。

评论》选出最精彩的文章作为单行本出版。魏德迈在给马克思的信中痛骂小商人心理，说这种心理在哪里也不像在新大陆表现得这样令人作呕的露骨。此外，他准备从 1852 年 1 月初开始出版一个政治周刊。1851 年 12 月 16 日上午恩格斯收到魏德迈的信件，获悉魏德迈能够出版周刊并且要求自己在星期五晚上以前寄一篇文章给他。恩格斯认为："恰好在目前，那里正渴望看到对法国事件的评论和阐述，如果能够对局势作一个出色的阐述，那就能保证该刊从创刊号开始就获得成功。但困难也就在这里，而我又不得不像往常一样把重担压在你身上。……无论如何，在这方面你可以为他写一篇外交式的、有回旋余地的、划时代的文章。"[①] 1851 年 12 月 19 日，马克思致信魏德迈："现在我正坐下为你写一篇文章。你的约稿信来得太迟了，所以我今天不能完成。星期二（12 月 23 日）将从这里给你寄去：(1) 卡·马克思的**《路易·波拿巴的雾月十八日》**……"[②] 魏德迈在回信中建议马克思为即将问世的政治周刊写一篇关于 1851 年政变的文章，就像马克思曾在他负责发行的《新莱茵报》上发表关于 1848 年革命的系列作品那样。

## （一）马克思与恩格斯对法国局势的交流

在写作过程中，马克思不仅利用了英法两国的书刊和官方资料以及寄自巴黎的私人书信，特别是海涅的秘书莱因哈特从巴黎寄给马克思的若干信件。[③] 莱因哈特阐述了巴黎各个阶层对于政变的不满和动荡情绪，论述了波拿巴政权的前景。"波拿巴在政变前和政变后毫无例外地搞坏了他和一切政党的关系以后，正从所推行的这种或那种笼络人心的措施（如扩大社会性工作，许诺对十二月二日的参加者实行大赦等）中寻求平衡。但是，只要他试图干点什么事以有利于某一个阶级，所有

① 《马克思恩格斯全集》第 27 卷，北京：人民出版社 1972 年版，第 413 页。
② 《马克思恩格斯全集》第 27 卷，北京：人民出版社 1972 年版，第 617 页。
③ 对于资料来源的较为详细论述，参见《〈路易·波拿巴的雾月十八日〉的写作和出版情况》，《马克思恩格斯研究》1992 年第 8 期，第 201—204 页。

这一切就都成为不稳定的和无目的的了。”[①] 马克思在《雾月十八日》中直接引用了莱因哈特 1852 年 2 月 15 日信中基佐的名言“这是社会主义的完全而彻底的胜利!”和日拉丹夫人的话。莱因哈特在 1851 年 7 月到 1852 年 10 月这段时期写给马克思的信留下了 7 封，它们的主要内容是叙述和分析与 1851 年十二月二日政变有联系的法国政治事件。[②] 当然马克思认为莱因哈特是个怀疑论者，因为他不大看得起人民。莱因哈特在致马克思的信件中指出：“巴黎公众的情绪发生了显著的变化；如果说这种情绪还没有超出绝望的程度，那么这种绝望的确已经感觉出来了，而且具有更阴暗更普遍的性质。”[③]

很大程度上恩格斯对法国革命局势的判断塑造着马克思的革命思考，也反映出马克思恩格斯都以唯物史观审视法国革命的趋势与前景及其共同认识和理解。1846 年 9 月，恩格斯曾经揭示过 1830 年后法国立法权的实质与历史命运。“在 1830 年革命后这个时期内，从来还没有出现过这样露骨的厚颜无耻和对社会舆论的蔑视。至少有 3/5 的议员是内阁的亲朋密友；换句话说，这些人不是大资本家、商人、巴黎交易所的铁路股票投机家、银行家和大工业家之流，就是他们的恭顺奴仆。现在的立法权比以前的任何立法权都更加体现出拉菲特在七月革命后第一天所说的话：‘从今以后，统治法国的将是我们银行家了。’这是大金融贵族和 haute bourgeoisie〔资产阶级巨头〕统治法国的最显著的证明。决定法国命运的不是土伊勒里宫，也不是贵族院，甚至也不是众议院，而是巴黎交易所。”[④] 法国工人阶级为自己的生存而斗争，丢弃了对祖国的幻想。对于 1848 年六月革命，恩格斯乐观地指出：“‘马赛曲’连同对于法国大革命的其他一切回忆一起消逝了。”[⑤] 只有无产阶级是真

① 《马克思恩格斯全集》第 28 卷，北京：人民出版社 1973 年版，第 498 页。

② 〔苏〕纳·维·库德里亚绍娃：《马克思创作〈路易·波拿巴的雾月十八日〉曾依据什么资料》，载《马克思恩格斯研究》1989 年第 2 辑，第 292 页。

③ 《马克思恩格斯全集》第 28 卷，北京：人民出版社 1973 年版，第 496—497 页。

④ 《马克思恩格斯全集》第 4 卷，北京：人民出版社 1958 年版，第 30 页。

⑤ 《马克思恩格斯全集》第 5 卷，北京：人民出版社 1958 年版，第 137 页。

正革命的阶级，然而流氓无产阶级则甘心于被人收买，干反动的勾当。恩格斯明确地指出流氓无产阶级的反动角色，成为工人受到残酷镇压的帮凶。“主要从巴黎流氓无产阶级中召募来的别动队，由于薪俸优厚，在短期内就成了每次都替当权者卖命的御用军。被组织起来的流氓无产阶级反对未组织起来的劳动无产阶级。果然不出所料，像那不勒斯的流浪汉供斐迪南驱使一样，巴黎的流氓无产阶级甘愿供资产阶级驱使。”①

资产者以前并不容忍乞丐、浪人、无赖、顽童和小偷为非作歹的行为，现在却宠爱这些流氓无产阶级，以便残酷地屠杀和镇压革命的巴黎工人。

恩格斯批评激进小资产阶级的软弱无力，无力采取革命的行动。“2月25日，当武装的无产阶级统治巴黎的时候，当可能得到一切的时候，不就是这些人只会说安慰人的漂亮话，而没有革命的行动，只会许诺和规劝，而不采取迅速和坚决的措施。”② 恩格斯认为，犹豫不决、幻想（自我牺牲）的陈词滥调、为了革命的模糊回忆而忘记革命的行动是整个激进小资产阶级的固有特征。“激进小资产者之所以带有社会主义情绪，只是因为他们清楚地看到自己即将灭亡，看到自己即将加入无产阶级的行列。他们不是作为小资产者、小量资本的所有者，而是作为未来的无产者在幻想劳动组织，幻想资本和劳动之间关系的变革。只要他们获得政权，他们很快就会忘掉劳动组织。因为政权，至少是在最初一些日子的陶醉中，会使他们看到有获得资本和从威胁他们的灭亡中得救的前景。只有当武装的无产者端着刺刀为他们作后盾的时候，他们才会想起自己昨天的同盟者。”③ 小资产阶级并不是革命的，而是保守的。“这里所谈的根本不是山岳党在宣言中极其郑重地宣布过的能拯救世界的某些琐屑措施。这里所谈的是社会革命，它将给法国人带来跟那些语无伦次的、已成为死板公式的词句完全不同的结果。这里所谈的是实现这一

---

① 《马克思恩格斯全集》第5卷，北京：人民出版社1958年版，第151页。
② 《马克思恩格斯全集》第6卷，北京：人民出版社1961年版，第663—664页。
③ 《马克思恩格斯全集》第6卷，北京：人民出版社1961年版，第665页。

革命所必需的毅力。问题在于小资产阶级既然已经一度表现了软弱无能以后，是否还能在它那里找到这种毅力。”① 小资产阶级只有不维护他们目前的利益，而是维护他们将来的来临时，才能站到无产阶级的立场上，才能体现出革命所需的毅力。

1850 年 11 月，恩格斯回到曼彻斯特，当时正在阅读法国和英国历史学家所写的执政时代和帝国的历史，特别是从军事角度去阅读。马克思与恩格斯对法国政局的变化与趋势保持着密切的交流，讨论着法国政治变化的前景，嘲笑着路易·波拿巴。恩格斯在 1851 年 2 月 12 日致信马克思中指出：“路易·拿破仑真是个蠢材！为了一百八十万法郎，他把自己对‘选举法’的疑问出卖给了立法议会，而把自己出卖给了蒙塔郎贝尔，最后钱也没有拿到手。这样一个冒险家的确成不了什么事业。如果他在四个星期内让狡猾的阴谋家牵着自己的鼻子走，那么第五个星期他必定让人家用最愚蠢的方式把他完成的一切破坏无遗。要么做凯撒，要么做克里希！”② 1851 年 5 月份，马克思和恩格斯愈来愈感觉波拿巴执政的机会最大。恩格斯在分析波拿巴政变的后果时指出：“路易·拿破仑的统治并没有结束阶级之间的战争。它只是暂时中止了时时标志着这个或那个阶级夺取或保住政权的企图的流血冲突。”③

对于波拿巴政权的前景与原因，恩格斯认为，波拿巴的军事专制“在和平时期必然会引起新的军事政变并会促使在军队中出现国民议会的各个党派。没有任何出路，这个笑剧必然自行垮台。如果再出现商业危机，那就不堪设想了！”④ 无产阶级并不愿意为国民议会战斗，一直等到更加尖锐更加明确的冲突出现。“如果这一次无产阶级没有群起而战斗，那是因为他们完全意识到自己的懈怠和无力，并将以宿命论的驯顺态度屈从于共和国、帝国、复辟和新的革命这种一再的循环，直

① 《马克思恩格斯全集》第 6 卷，北京：人民出版社 1961 年版，第 666 页。
② 《马克思恩格斯全集》第 27 卷，北京：人民出版社 1972 年版，第 208 页。
③ 《马克思恩格斯全集》第 11 卷，北京：人民出版社 1995 年版，第 266 页。
④ 《马克思恩格斯全集》第 27 卷，北京：人民出版社 1972 年版，第 408 页。

到他们在比较安定的统治下经历了若干年的灾难而重新积聚起新的力量时为止。”①

恩格斯也强调暴力的重要性，也提及日拉丹的过分自信。“如果明年在法国爆发革命，神圣同盟至少要进到巴黎城下，这是毫无疑问的。我们的法国革命家虽然具有渊博的知识和罕见的精力，但甚至巴黎的堡垒和要塞围墙能否得到所需要的武器和粮食，也还是个大问题。而只要有两个堡垒，例如圣丹尼及其东邻最近的堡垒，被敌人夺去，那么巴黎和革命就会在新的事件爆发之前垮台。”② 恩格斯认为，日拉丹低估了波拿巴，但是国民议会的保守党很可能与体现行政权的波拿巴达成妥协，“虽然日拉丹也说，卡芬雅克现在是资产阶级群众的即秩序党的唯一真正的候选人，但是他自己却猛烈地攻击卡芬雅克和尚加尔涅，他的论战令人重新想起他同《国民报》作斗争的极盛时期。这个家伙正在法国进行广泛的鼓动，比整个山岳党人和红色分子一帮合起来所进行的鼓动还要广泛。波拿巴好像已不在话下了。不过，如果国民议会的保皇党多数派再度违反宪法，**以简单的**多数决定修改宪法，那么他们最终仍然会被迫——因为他们会丧失一切合法的支柱——同体现行政权的波拿巴达成妥协。在这种情况下，可能会弄到发生严重冲突的地步，因为卡芬雅克很难再度让人把到了他嘴边的东西夺去。”③

1851 年 12 月 3 日，恩格斯在致信马克思时认为十二月十日政变是可笑的模仿剧：“法国的历史已经进入了极其滑稽可笑的阶段。一个全世界最微不足道的人物，在和平时期，依靠心怀不满的士兵，根据到目前为止能作出的判断并没有遭到任何反抗，就演出了雾月十八日的可笑的模仿剧，还能有比这更有趣的事情吗！”④ 很显然，马克思的标题设置与对波拿巴的态度受到恩格斯的深刻影响，而且二人对此保持着相同

① 《马克思恩格斯全集》第 27 卷，北京：人民出版社 1972 年版，第 410 页。
② 《马克思恩格斯全集》第 27 卷，北京：人民出版社 1972 年版，第 250 页。
③ 《马克思恩格斯全集》第 27 卷，北京：人民出版社 1972 年版，第 282 页。
④ 《马克思恩格斯全集》第 27 卷，北京：人民出版社 1972 年版，第 401 页。

的看法。此外，恩格斯还比较了法国大革命时期拿破仑与波拿巴，强调波拿巴主义的专制色彩："现在甚至不再有什么国民议会可以破坏这个不被承认的英雄的伟大计划了；不会有了，至少在今天这头驴子像雾月十八日晚上的老拿破仑一样自由自在，一样无拘无束，一样绝对专制，他感到那样不受羁绊，以致不由得在各方面显出了驴子的本性。"① 恩格斯更进一步指出："就我们昨天所看到的而言，对人民是不能抱任何希望了，真好像是老黑格尔在坟墓里把历史当作世界精神来指导，并且真心诚意地使一切事件都出现两次，一次是作为伟大的悲剧出现，另一次是作为卑劣的笑剧出现。"② 马克思稍加改动和扩展，即将其运用到《雾月十八日》的首段，从总体上显示出马克思对波拿巴政变的认知和态度。恩格斯在 12 月 10 日和 11 日的两封信中揭示了巴黎工人没有大规模抵制这次政变的原因。③ "恩格斯在 1852 年 1 月、2 月、3 月写给马克思的许多信，或多或少的程度上都是对这次政变的分析评论。"④

大约 1851 年 12 月 20 日至 1852 年 1 月 4 日，恩格斯在伦敦期间与马克思当面讨论了法国政变问题。1852 年 2 月至 4 月刊登在《寄语人民》上的恩格斯的《去年十二月法国无产者相对消极的真正原因》在内容上是与马克思的《雾月十八日》相衔接的。恩格斯也揭示了波拿巴政变成功的原因、本质及其固有的矛盾。⑤ 这组文章也表明马克思同恩格斯就《雾月十八日》中论述的问题诚挚地交换过看法。恩格斯的这组文章虽然扼要地集中论述工人阶级的策略，但实际上阐述的是《雾月十八日》的同一思想。⑥

① 《马克思恩格斯全集》第 27 卷，北京：人民出版社 1972 年版，第 402 页。

② 《马克思恩格斯全集》第 27 卷，北京：人民出版社 1972 年版，第 403 页。

③ 《马克思恩格斯全集》第 27 卷，北京：人民出版社 1972 年版，第 408、410 页。

④ ［苏］纳·维·库德里亚绍娃：《马克思创作〈路易·波拿巴的雾月十八日〉曾依据什么资料》，载《马克思恩格斯研究》1989 年第 2 辑，第 288 页。

⑤ 《马克思恩格斯全集》第 11 卷，北京：人民出版社 1995 年版，第 259—271 页。

⑥ 《〈路易·波拿巴的雾月十八日〉的写作和出版情况》，载《马克思恩格斯研究》1992 年第 8 期，第 200 页。

### (二)《雾月十八日》的写作

波拿巴政变的悲喜剧困扰着马克思，以至于马克思并未立即回信恩格斯。马克思指出："我被巴黎的这些悲喜剧事件弄得十分忙乱……我不能像维利希那样说：'真奇怪，巴黎方面竟什么也没有告诉我们!' 我也不能像沙佩尔那样，老是拿着一杯啤酒在谢特奈尔酒馆里高谈阔论……所以他们决定等到事情'决定下来'以后再大踏步前进。"① 对于波拿巴政变的法国局势，马克思乐观地认为，"无论如何，我看改变是使局势好转了，而不是恶化了。波拿巴要比国民议会和它的将军们更容易对付。而国民议会的专政'已站在门外了'"。② 马克思明确地认为，波拿巴暂时取得了胜利，而且无产阶级保全了自己的力量。

当时马克思一家正处于生计艰难时期，而且马克思自己也饱受疾病的困扰，要做很大的努力才能工作。据燕妮回忆，马克思是在第恩街的一间小房里，在孩子们的吵闹声和家庭琐事搅扰下写完这本书的。她于3月转抄好手稿，并把它送出去。③ 马克思的女儿爱琳娜·马克思也曾经回忆："事实上，就是他在索荷区第恩街写《雾月十八日》中的几章时，他也被三个孩子当做拉车的马，他们坐在他身后的椅子上，不停地用鞭子驱赶着他。"④

1852年1月1日，马克思致信魏德迈："我现在才把文章寄给你，是因为工作不但受到当前急剧发展的事态的影响，而且在更大程度上还受到私事的干扰。从现在起开始正常了。"⑤ 然而正在1852年新年之际，由于恩格斯在伦敦挽留马克思狂饮了一顿，导致了燕妮对马克思的

---

① 《马克思恩格斯全集》第27卷，北京：人民出版社1972年版，第405页。

② 《马克思恩格斯全集》第27卷，北京：人民出版社1972年版，第406页。

③ 〔德〕燕妮·马克思：《动荡生活简记》，载中央编译局编译《回忆马克思》，北京：人民出版社2005年版，第61页。

④ 〔德〕爱琳娜·马克思：《卡尔·马克思》，载中央编译局编译《回忆马克思》，北京：人民出版社2005年版，第207页。

⑤ 《马克思恩格斯全集》第28卷，北京：人民出版社1973年版，第469页。

一些不满。由于重感冒，马克思病卧在床上，无法专心地撰写《雾月十八日》。1852 年 1 月 9 日，燕妮告知魏德迈："我的丈夫一周来病得很重，几乎一直躺在床上。"① 正是在这种艰难的情况下，马克思完成了《雾月十八日》第二章内容的写作。1852 年 1 月 16 日，马克思致信魏德迈指出："今天是我两个星期以来第一次下床。你可以看出，我的病是严重的，直到目前还没有痊愈。因此这星期我不能如愿把我论波拿巴的文章的第三篇寄给你。……我现在还非常虚弱，不能继续写了。"② 1852 年 1 月 19 日，马克思开始下床了，20 日又开始写东西了。

1852 年 1 月 23 日，马克思再次向魏德迈表达了遗憾："遗憾得很，我的病还不允许我在这个星期给你，也就是给你的报纸写点东西。我**好不容易**才给德纳弄成一篇文章，他已有六个多星期没有收到我任何东西了。多少年来还没有一件事，甚至最近的法国丑事也没有像这该死的痔疮那样打破我的生活常规。但是现在我感到就会好起来，一个月内不得不离开图书馆，曾使我非常苦恼。"③ 1852 年 1 月 24 日，马克思致恩格斯的信件中指出："你从这里走后，我给可怜的魏德迈自然只能寄去一篇文章。这次痔疮对我的折磨比法国革命还厉害。我要设法在下星期写出点东西。我的'臀部的'情况还不允许我去图书馆。" 1 月 30 日、2 月 13 日，马克思分别将稿件的第三章、第四章寄给魏德迈，然而马克思自己一旦投入写作便一发不可收拾，越写越多。正在这时，经济困境干扰着马克思，使他无法继续写作。1852 年 2 月 20 日，马克思致信魏德迈："我这个星期不能寄任何东西给你，原因很简单，一个多星期以来，我陷入可恶的经济困境之中，以致我无法继续在图书馆从事研究，更不用说写文章了。"④ 3 月 5 日，马克思寄出了第五章，3 月 25 日终于把最后一部分原稿寄给了魏德迈。正是在 3 月 25 日致魏德迈的信件中，

① 《马克思恩格斯全集》第 28 卷，北京：人民出版社 1973 年版，第 640 页。
② 《马克思恩格斯全集》第 28 卷，北京：人民出版社 1973 年版，第 473—474 页。
③ 《马克思恩格斯全集》第 28 卷，北京：人民出版社 1973 年版，第 475 页。
④ 《马克思恩格斯全集》第 28 卷，北京：人民出版社 1973 年版，第 492 页。

马克思要求在第五篇的末尾加上如下的话：“然而波拿巴像阿革西拉乌斯回答国王亚奇斯那样回答了秩序党：‘**你把我看作蚂蚁，但是总有一天我会成为狮子的**。’”[①] 然而魏德迈在3月30日的回信中告知，马克思的文稿没有出版的希望了。

### （三）《雾月十八日》的出版

由于魏德迈缺乏资金，政治周刊的出版计划遭到了失败。[②] 事实上，马克思与恩格斯都担心任何妨碍出版的困难会发生。1852年1月1日，马克思在致魏德迈的信中提醒道：“如果你由于资金困难不得不把自己的事业推迟一个较长的时间——**希望不会发生这种情况**，——那就请你把文章交给德纳，以便他把文章译成英文供他的报纸刊用。不过我希望这没有必要。”[③] 魏德迈“写道：‘从秋天以来，失业现象在这里空前严重，以致每一个新企业都遭到巨大的困难。而且，近来工人们受到各式各样的盘剥。最初是金克尔，接着是科苏特，而大多数人都愚蠢到宁可送一块钱给敌视他们的宣传，而不愿出一分钱来捍卫资金的利益。美国的土壤对人们起着一种极大的腐蚀作用，而同时人们却开始以为，他们比旧大陆的人们高瞻远瞩得多哩。’但是魏德迈并没有绝望，他希望能够使他的周刊以月刊的形式复活”[④]。

获悉《革命》无法出版的消息，马克思曾经建议魏德迈分印张或分篇出版。1852年2月13日在马克思致信魏德迈的附言中，燕妮第一次提到马克思的建议：“我的丈夫认为，他的关于法国的一组文章（还有两篇要加进去），是最应时的东西，因此作为他在《评论》上发表的文章的续篇，也是最适于印小册子的材料。如果纽约某个出版商同德国

① 《马克思恩格斯全集》第28卷，北京：人民出版社1973年版，第511页。

② 对于《雾月十八日》在纽约出版的情况，参见《〈路易·波拿巴的雾月十八日〉的写作和出版情况》，载《马克思恩格斯研究》1992年第8期，第209—214页。

③ 《马克思恩格斯全集》第28卷，北京：人民出版社1973年版，第469—450页。

④ 〔德〕梅林：《马克思传》，樊集译，北京：人民出版社1985年版，第272—273页。

有联系，那么可以指望在德国有相当大的销路。这部著作与其说是为美国倒不如说是为欧洲而写的。"[①] 2 月 20 日，马克思在附言中再次强调："如果你的报纸不能出版，那么你是否能把我的小册子分印张出版或者像我给你寄去的那样分篇出版？否则时间会拖得太长。"[②] 1852 年 2 月 27 日，燕妮致信魏德迈时指出，马克思"请您马上把他的论拿破仑的文章的五篇寄回，如果您不能刊登的话。也许，我们能把它们译成法文出版，虽然放弃德文的确很可惜"。"我的丈夫认为，最好您能在美国出版这东西，因为它肯定能收回成本；并且最好还能在德国推销，因为它对当前最重大的事件作出了历史的评价。""为了不致拖延过久，您可以将每一篇单独刊登，因为这些东西非常引人注意。然后可以把所有这些并在一起。今天寄上第五篇，下星期五他将寄上第六篇——结尾部分。我再说一遍，**请您尽力将这部著作印成小册子**。如果办不到，请您把它寄回，——无论如何必须把它出版。"[③]

魏德迈在 1852 年 4 月 9 日的信件中提及："出版这本小册子所面临的困难，终于因得到意料之外的帮助而克服了。在我上一次的信发出以后，我遇到了我们法兰克福的一个工人，他是一个裁缝，今年夏天刚刚来到这儿。他把自己省下来的四十美元全部交给了我，供我使用。"[④] 马克思在致阿道夫·克路斯的信件中谈及《雾月十八日》即将出版的欣喜之情，也非常满意："你那封令人感到《波拿巴》有出版希望的信（4 月 19 日接到的），使我特别高兴，因为对于我的妻子的非常柔软的性格来说，这件事一定又会使她振奋起来……"[⑤] 1852 年 5 月，魏德迈以单行本形式将这部论著作为不定期刊物《革命》的第一期出版，却

① 《马克思恩格斯全集》第 28 卷，北京：人民出版社 1973 年版，第 490 页。

② 《马克思恩格斯全集》第 28 卷，北京：人民出版社 1973 年版，第 495 页。

③ 《马克思恩格斯全集》第 28 卷，北京：人民出版社 1973 年版，第 643—644 页。

④ 约瑟夫·魏德迈致马克思的信（1852 年 4 月 9 日），参见梅林：《新近为卡·马克思和弗·恩格斯的传记而写的文章》，载《新时代》德文版第 25 卷，第二册，第 103 页；转引自海因里希·格姆科夫等：《马克思传》，侯廷镇等译，北京：人民出版社 2000 年版，第 176 页。

⑤ 《马克思恩格斯全集》第 28 卷，北京：人民出版社 1973 年版，第 518 页。

在扉页和自己写的前言中误将标题写成了《路易·拿破仑的雾月十八日》。[1] 恩格斯在评价《雾月十八日》的出版技术工作时指出："很可惜铅字太小，开本太大，这给阅读增添很大困难，特别是在碰到歪曲意思的刊误的时候，当然，由于经费不足，要避免这种情况是不可能的。"[2]

## 二 《雾月十八日》的世界传播

1851 年 12 月 2 日波拿巴政变是当时欧洲政治的重要事件，成为很多著作的主题。其中维克多·雨果的《小拿破仑》、蒲鲁东的《从十二月二日政变看社会革命》两部著作当时特别有名，而且给作者带来了丰厚的报酬，但是《雾月十八日》却并未如此幸运。然而时过境迁，它们的命运却发生了相反的变化。正如梅林所说的："马克思的著作问世时，和那两个更幸运的姊妹相比就好像灰姑娘一样。但是那两部著作早已被遗忘的尘埃掩盖了，而马克思的著作却至今仍然放射着不朽的光辉。在这部闪烁着智慧和机智的著作中，马克思以前无古人的技巧，以历史唯物主义的观点透彻地分析了当代的事件。这部著作的形式和它的内容一样辉煌。"[3]

### (一) "不合时宜"的遭遇与转折

相比于《法兰西阶级斗争》和《科隆共产党人案件》，《雾月十八日》现在得到更为广泛的传播。然而在马克思时代事情却截然相反。1852 年 5 月 25 日前后，《雾月十八日》开始在美国销售。事与愿违，销路极差。然而伦敦同盟支部的成员以及马克思和恩格斯在英国和欧洲

---

① 吴学琴主编：《马克思主义著作选读》，合肥：安徽人民出版社 2008 年版，第 270 页。
② 《马克思恩格斯全集》第 28 卷，北京：人民出版社 1973 年版，第 531 页。
③ 〔德〕梅林：《马克思传》，樊集译，北京：人民出版社 1985 年版，第 271 页。

大陆上的为数众多的朋友和熟人都收到了《雾月十八日》。[①] 当时魏德迈印刷了1000份《雾月十八日》，将其中近三分之一都寄往欧洲；数百份输送到德国，但并没有在真正的书籍市场上出售过。1852年1月23日，恩格斯致信魏德迈中曾提到《革命》的发行问题，“五十本《革命》太多了，可能要付很大一笔钱，即每次要付四先令甚至更多的钱。由于到处进行逮捕，人们各奔东西等，以及由于德国的出版法，在这里只能指望有少数的订户，而在德国——也许只有在汉堡才能指望有几个订户。因此分发试刊没有什么用处。”[②]

大概从1852年8月初，马克思设法安排《雾月十八日》在德国出版，也试图出版英文版。在1852年8月至9月间，马克思试图在德国出版此书，但一切尝试都未成功。马克思曾经在1869年《雾月十八日》第二版序言中提到：“当我向一个行为极端激进的德国书商建议销售这种刊物时，他带着真正的道义上的恐惧拒绝了这种‘不合时宜的要求’。”[③] 保尔·拉法格指出：“他的《雾月十八日》完全无人注意，这部著作证明1848年所有的历史学家和政论家，只有马克思一个人才了解1851年12月2日那次政变的原因和结果。虽然这本书是谈论当前的重大问题，但却没有一家资产阶级的报纸提到过它。”[④] 1852年9月，马克思希望用英文出版《雾月十八日》，以扩大《雾月十八日》在世界范围的影响。当时马克思找到共产主义同盟盟员皮佩尔翻译第一章，并请求琼斯翻译这部著作，并希望在其主办的《人民报》上刊登。琼斯起初答应了，但是并没有兑现诺言，因而没有出版。恩格斯邀请共产主义者同盟盟员皮佩尔翻译，并经恩格斯润饰过的《雾月十八日》在10月底正式出版英译本，但同样销路不畅。当马克思收到由魏德迈在纽约

① 《〈路易·波拿巴的雾月十八日〉的写作和出版情况》，载《马克思恩格斯研究》1992年第8期，第214、217页。

② 《马克思恩格斯全集》第28卷，北京：人民出版社1973年版，第479页。

③ 《马克思恩格斯文集》第2卷，北京：人民出版社2009年版，第465页。

④ 〔德〕保尔·拉法格：《回忆马克思》，载中央编译局编译《回忆马克思》，北京：人民出版社2005年版，第202页。

出版的《雾月十八日》后，1852年12月11日和18日琼斯两次在《人民报》上发表了对此书的评论，这是《雾月十八日》最早的评论性文章。

直到1869年书籍市场的需求以及德国朋友的催促，才促使马克思安排汉堡出版商奥·迈斯纳在汉堡出版了第二版。当时俾斯麦在发动普法战争之前，企图效仿波拿巴的政变。马克思这时决定再版《雾月十八日》。1869年1月底，马克思在给恩格斯的信件中，谈及他准备重版《雾月十八日》，并告诉恩格斯，迈斯纳愿意承担该书的出版工作。1869年5月21日马克思致信恩格斯："迈斯纳一星期前给我寄来《雾月十八日》的第一个印张，并保证说，现在工作将'迅速'进行。"①再版前，马克思重新审订了原文，改正了印刷错误，删去了重复的语句，节略了某些段落，将书名改为《路易·波拿巴的雾月十八日》。马克思于6月中旬才收到最后一批校样，6月23日撰写了序言并寄给迈斯纳。迈斯纳收到马克思寄来的校样和序言后，于7月20日在汉堡出版了《雾月十八日》德文版。

德国资产阶级报刊对《雾月十八日》新版竭力保持沉默。德国《人民报》只是在1870年8月16日才发表了该书出版的消息，同时刊登了序言。《雾月十八日》新版出版后，马克思立即寄给恩格斯数本，7月24日当恩格斯收到书后在给马克思的回信中称赞"这本书装帧很好，没有印错的字，读起来好得多。序言很好"②。

在《雾月十八日》中，马克思无情地控诉了路易·波拿巴这个暴发户，因此这本书要在法国出版，是根本不可想象的。由于在波拿巴政变之后紧接着发生了科隆共产党人案件，马克思要找到一个出版人就更加困难了。③ 1885年7月《雾月十八日》第三版出版后，恩格斯于同年

① 《马克思恩格斯全集》第32卷，北京：人民出版社1974年版，第302页。

② 李佩龙等：《〈路易·波拿巴的雾月十八日〉的写作、出版和传播》，载《宁夏大学学报（人文社会科学版）》1983年第1期，第18页。

③ 〔德〕梅林：《马克思传》，樊集译，北京：人民出版社1985年版，第275页。

7 月至 8 月间开始审阅由法国社会主义者爱·福尔坦翻译的《雾月十八日》法文版。恩格斯与福尔坦通信，商谈关于在法国工人党机关报《社会主义者报》上发表这一译文的可能性。福尔坦知道《雾月十八日》是描写法国 1848-1852 年杰出的历史著作，所以想把它译成法文。此外，拉维涅也在翻译，但是恩格斯还是决定采用福尔坦的译本。法文本终于在 1891 年 1 月发表在法国《社会主义者报》上，在利尔德劳利出版社出版了单行本。①

即使如此，“不合时宜”的著作也在马克思主义者中影响广泛，受到了极大的关注。克路斯和魏德迈在其文章中多次援引《雾月十八日》并注明引自马克思的这部著作。1860 年，卡尔·福格特还在美国一些德文地方小报上与之进行论战。19 世纪 60 年代，马克思的《雾月十八日》不仅对于捍卫共产主义政党独立的政治立场，而且为反对波拿巴主义提供原则的和科学的论据，具有重大的现实意义。1862 年以来，俾斯麦在普鲁士推行一项实质上是波拿巴主义的政策。② 作为马克思的亲密合作者恩格斯充分强调《雾月十八日》的意义，在《雾月十八日》第三版序言中明确地指出：“的确，这是一部天才的著作。”③《雾月十八日》被视为验证马克思的唯物史观的范例，也被赋予科学的内涵。在《法兰西阶级斗争》和《雾月十八日》中，马克思是“用他的唯物主义观点一定从经济状况出发来说明一段现代历史的初次尝试”④。

1896 年，德国和国际工人运动的著名活动家威廉·李卜克内西指出：“马克思在《路易·波拿巴的雾月十八日》中为 1851 年 12 月 2 日的政变立了一块耻辱的碑石，就像但丁的《恐怖的三重唱》那样永恒

① 李佩龙等：《〈路易·波拿巴的雾月十八日〉的写作、出版和传播》，载《宁夏大学学报（人文社会科学版）》1983 年第 1 期，第 18 页。

② 《〈路易·波拿巴的雾月十八日〉的写作和出版情况》，载《马克思恩格斯研究》1992 年第 8 期，第 215—216、221 页。

③ 《马克思恩格斯文集》第 2 卷，北京：人民出版社 2009 年版，第 468 页。

④ 《马克思恩格斯全集》第 22 卷，北京：人民出版社 1965 年版，第 591 页。

不朽。”[①] “能够说《路易·波拿巴的雾月十八日》不能理解吗？难道直飞目标而深深刺入肉体的箭不能理解吗？难道妙手掷出、正中敌人心窝的投枪不能理解吗？《路易·波拿巴的雾月十八日》的语言就是箭和投枪，它的风格是用火烙，用刀杀。如果憎恨、轻蔑、对自由的热爱曾经在什么地方用燃烧、破坏和激昂的语言表达过，那就是在《路易·波拿巴的雾月十八日》这部著作中。这部著作把塔西佗的严肃的愤怒、尤维纳利斯的尖刻的讽刺和但丁的神圣的怒火综合在一起了。这种风格在这里就是 stilus，即最初罗马人拿在手里的那种用以书写和刺戳的尖锐钢刀。这种风格是一把真正刺中心窝的匕首。”[②] 第一部《马克思传》的作者梅林视《雾月十八日》为马克思的小部头历史著作宝库中最晶莹灿烂的宝石。梅林认为：“在这部闪烁着智慧和机智的著作中，马克思以前无古人的技巧，从历史唯物主义的观点透彻地分析了当代的事件，这部著作的形式和它的内容一样辉煌。”[③]

意大利第一个马克思主义哲学家拉布里奥拉因撰写《纪念〈共产党宣言〉》，而被恩格斯称之为“严肃的马克思主义者”。1896 年 3 月，拉布里奥拉指出了《雾月十八日》对于理解唯物史观的意义：“正是他作为这个学说的基本原理的第一个和主要的创造者，很快地把这个学说变成政治理解的工具，成为 1848—1849 年革命时期的首屈一指的政论家。稍后，他在他的著作《路易·波拿巴的雾月十八日》中最彻底地运用了这个学说；就是在许多年和多次再版后的今天，我们可以说，这部著作——除了一些小的细节和个别的错误预言——不需要作任何修正和补充。”[④] 拉布里奥拉认为：“阐述路易·波拿巴的雾月十八日的著作

---

① 〔德〕威廉·李卜克内西：《纪念卡尔·马克思——生平与回忆》，载中央编译局编译《回忆马克思》，北京：人民出版社 2005 年版，第 56 页。

② 〔德〕威廉·李卜克内西：《纪念卡尔·马克思——生平与回忆》，载中央编译局编译《回忆马克思》，北京：人民出版社 2005 年版，第 31 页。

③ 〔德〕梅林：《马克思传》，樊集等译，北京：人民出版社 1965 年版，第 278 页。

④ 〔意〕安东尼奥·拉布里奥拉：《关于历史唯物主义》，杨启遴等译，北京：人民出版社 1981 年，第 133 页。

则是把新的历史观运用于有严格时间界限的一系列事实的第一个尝试。”[①] 马克思在《雾月十八日》中所提及的集团、霸权以及领导权等概念深刻地影响着意大利共产党创始人之一葛兰西。葛兰西提及《雾月十八日》时认为：“有人说，政治和意识形态的任何一次波动都可以当作基础的直接反映来加以描述和说明，并把这说成是历史唯物主义的一条基本原理。对于这种主张，必须当作一种原始的幼稚病从理论上加以驳斥，同时还要用具体的政治和历史著作葛兰西的作者马克思提供的真凭实据在实践中大力反对。从这一角度来看，特别重要的著作有《雾月十八日》和关于东方问题的文章，以及其他的论著（《德国的革命和反革命》《法兰西内战》）和一些短文。”[②]

在苏东共产党人中，列宁认为，与《共产党宣言》相比，马克思在《雾月十八日》中的精彩论述向前迈进了一大步。“在那里，国家问题还提得非常抽象，只用了最一般的概念和说法。在这里，问题提得具体了，并且作出了非常准确、明确、实际而具体的结论：过去一切革命都是使国家机器更加完备，而这个机器是必须打碎，必须摧毁的。这个结论是马克思主义国家学说中主要的基本的东西。”马克思的学说在这里也像其他任何时候一样，是由深刻的哲学世界观和丰富的历史知识阐明的经验总结。[③] 克莱恩重点解读了“革命是历史的火车头”的论断以及无产阶级专政学说。他认为马克思以说明现代史的形式对革命事件进行广泛的研究，这种研究“也就失去了革命日报通过每日干预运动和直接成为运动的喉舌所具有的优点”。[④]《雾月十八日》对各种国家形式的转换及其原因以及对于国家机器的作用的研究，使马克思得出了无产阶级专政的本质的新结论。

---

① 〔意〕安东尼奥·拉布里奥拉：《关于历史唯物主义》，杨启遴等译，北京：人民出版社 1981 年，第 27 页。

② 〔意〕葛兰西：《葛兰西文选》，李鹏程编，北京：人民出版社 2008 年版，第 236 页。

③ 《列宁选集》第 3 卷，北京：人民出版社 1995 年版，第 133—134 页。

④ 〔东德〕马·克莱恩：《马克思主义哲学史》，北京：中国人民大学出版社 1983 年版，第 338 页。

在《雾月十八日》一书中，马克思以法兰西共和国为例，证明在资产阶级共和国的范围内，不可能消除工人阶级受剥削的现象在这部著作中，他第一次表达出这样一种思想，即无产阶级在革命胜利以后，不应该接过反动的、资产阶级的国家机器及其一切军事的、官僚主义的、为压迫人民群众而建立的机构，而是必须把国家机器砸碎。在无产阶级领导下，摧毁旧的国家机器，建立新的国家权力机关，实现从资本主义社会到共产主义社会的过渡——马克思把这些总称为“无产阶级专政”。[①]

## （二）《雾月十八日》的广泛传播

《雾月十八日》出版后，当时一些评价本书的作者一般也把这部著作仅仅看成是分析法国事件及形势的政治论著。魏德迈所写的介绍文章指出：“卡尔·马克思在《纽约论坛报》上发表题为〈德国革命与反革命〉的连载文章（这些论文是恩格斯写的，发表时用的是马克思名字——引者注），在文章中他描述了德国革命发展的当前形势。他用类似的方式在他的〈雾月十八日〉中叙述了法国的形势。”[②] 另一个作者埃卡留斯则指出，这本书“为波拿巴篡权的历史提出了不仅是第一个，而且是唯一的一个有权威的说明”。它“是唯一的一部同时既满足历史的要求，又满足当代人对理解所从事的革命运动的需要的著作”[③]。但是他们还没有指出这部著作的重大意义，更没有以方法论为指导对其进行诠释。

《雾月十八日》传播过程的一个重要事件是《雾月十八日》英译本的出版。1897 年 9 月 12 日至 11 月 14 日，丹尼尔·德利昂（Daniel De

① 〔德〕海因里希·格姆科夫等：《马克思传》，侯廷镇等译，北京：人民出版社 2000 年版，第 175—176 页。

② 〔德〕约瑟夫·魏德迈：《路易·波拿巴的雾月十八日》一书序言，载《约瑟夫·魏德迈——美国社会主义的先驱》一书的附录。

③ 〔德〕格奥尔格·埃卡留斯：《政变文献评价》，载《马列著作编译资料》第 8 辑，北京：人民出版社 1980 年版，第 19、5 页。

Leon）将《雾月十八日》翻译成英文，以连载的方式发表在美国社会主义劳动党官方机构《人民报》（*The People*）周刊上。美国共产党主办的纽约国际出版公司（1935 年、1963 年、1972 年、1987 年等重印）在 1897 年 12 月首次出版了英文版本，[①] 而且指出西奥多·罗斯福与路易·波拿巴的惊人相似之处。德利昂在译者序言中指出，《雾月十八日》是马克思最深邃且富有才气的专题论文之一，是最优秀的历史著作之一。专门出版马克思主义著作的芝加哥查尔斯·克尔公司（1913 年再版）、密歇根大学图书馆（1926 年再版）分别在 1907 年出版了《雾月十八日》；艾伦 & 安文公司在 1926 年（1939 年、1943 年再版）出版了《雾月十八日》。[②]

《雾月十八日》最早的俄文版是 1894 年在日内瓦出版的，同时恩格斯的序言也刊登在该书的第一版上。1905 年至 1906 年由克里切夫斯基翻译的《雾月十八日》俄文版在日内瓦出版。1932 年，苏联出版了《雾月十八日》，而且这个版本是把马克思自己在这部著作第二版去掉了的部分完全保存下来的唯一版本。1940 年，苏联马克思恩格斯学院又出版了根据两卷集翻印的新版《雾月十八日》。[③] 纽约劳动新闻公司 1951 年、阿普尔顿世纪调查公司 1955 年分别出版了《雾月十八日》。国际图书有限公司、中央图书有限公司分别在 1969 年、1977 年出版了《雾月十八日》。

## 三 《雾月十八日》在中国的传播与影响

《雾月十八日》在中国有着较长的出版和传播史并产生了一定的影

① Karl Marx, *The Eighteenth Brumaire of Louis Bonaparte*, New York: the International Publishing Comoany, 1897.

② Karl Marx, *The Eighteenth Brumaire of Louis Bonaparte*, Chicago: Charles H.Kerr Company, 1907; *The Eighteenth Brumaire of Louis Bonaparte*, University of Michigan Library, 1907; *The Eighteenth Brumaire of Louis Bonaparte*, London: G.Allen & Unwin,Ltd., 1926.

③ 李佩龙等:《〈路易·波拿巴的雾月十八日〉的写作、出版和传播》，载《宁夏大学学报》（人文社会科学版）1983 年第 1 期，第 18 页。

响。1919 年 12 月，胡汉民在国民党理论刊物《建设》杂志发表《唯物史观批评之批评》一文节译了《雾月十八日》(当时译为《法兰西政变论文》)，是最早见诸中文的节译本，为《雾月十八日》所蕴含的唯物史观、社会心理观在中国的传播提供了当时最为详尽的原文。[①] 1920 年 3 月，李大钊倡导成立了“北京大学马克斯学说研究会”。那时研究会已有马克思主义的英文书籍四十余种，中文书籍二十余种，其中英文书籍包括《雾月十八日》。[②]《雾月十八日》最早的中译本是由陈仲涛翻译的《拿破仑第三政变记》，由上海江南书店在 1930 年 5 月出版的。[③] 吴黎平（吴亮平的笔名）在其编译的《辩证法唯物论与唯物史观》中附录三《唯物史观研究大纲》中将陈仲涛所翻译的版本列为理解马克思主义社会发展、社会变革、个人在历史中的作用、唯物史观意义等方面的补充参考书。这对于《雾月十八日》在中国的传播起到了不可低估的作用。

1938 年 5 月 5 日是马克思诞辰 120 周年纪念日，中共中央在延安建立了第一所马列学院（历史上第一个专门编译马列著作的机构），不久又建立了中共中央出版发行部，统一领导中共的出版发行工作。中央出版发行部以“解放社”的名义出版《马克思恩格斯丛书》，其中包括《拿破仑第三政变记》。1940 年柯柏年译、吴黎平校的《拿破仑第三政变记》单行本在解放出版社出版。[④] 赵俪生也讲述了其与《雾月十八日》的机缘。”在一九四零年春，我在西安偶尔从旧书摊上买到一本著着一位日本人姓名的伦敦版英译的《拿破仑第三政变记》。买后不久，立刻就动手翻译。译到一多半时，柯译本出版的消息便在重庆的《大公

---

① 李其驹：《马克思主义哲学在中国》，上海：上海人民出版社 1991 年版，第 77—78 页。

② 胡永钦等：《马克思恩格斯著作在中国传播的历史概述》，载《马克思恩格斯著作在中国的传播》，北京：人民出版社 1983 年版，第 252 页。

③ 参见上海出版大事记，http://www.shtong.gov.cn/node2/node2245/node4521/node29047/userobject1ai54450.html。

④ 〔德〕马克思：《拿破仑第三政变记》，柯柏年译，吴黎平校，延安：延安解放出版社 1940 年版。

报》和《新华日报》上刊出了。因此，我中止了翻译。那多半部的译稿在某次特务搜查中埋在砖底下的土里，后来竟完全朽烂了。这便是我与《拿破仑第三政变记》一书的因缘。”[①]

柯柏年按英文本并对照德文本译出《拿破仑第三政变记》，此后吴黎平按俄文本、英文本并参照德文本校对。[②] 尽管当时柯柏年在译本中列出了《雾月十八日》的英文标题，但是由于大家将其意译为《拿破仑第三政变记》而采取从众的态度，却将英文标题翻译为《路易·波拿巴底二月十八日》。该版本收录了马克思为第二版撰写的序言以及恩格斯为第三版撰写的序言。1940 年 8 月，上海生活书店以“世界学术名著译丛”名义出版翻印或新译解放社出版的马克思恩格斯著作，其书名仍为《拿破仑第三政变记》。“当年每本书出版时印数可能有两千册左右。纸张多用马兰草纸，质量不好，只有发给中央委员们的书才用白报纸印，我们译者也可拿到一本白报纸本的赠书。我们的书在解放社出版后，往往很快就在重庆重印出版。”[③] 柯柏年等在《译校者关于本书内容的一点说明》中高度评价了其意义。

> 在《拿破仑第三政变记》这书中，马克思如此英明地深刻地分析了法国这一时期的历史事变，如此具体地光辉地运用唯物史观的伟大理论，使得这一著作（和马克思的其他著作一样）虽然到现在差不多经过了九十年，还不仅没有丝毫丧失而反是日益显示其内容的正确与意义的伟大。这真是一部万古不磨的、百读不厌的名著。书上的文字是非常美丽的、有力的。在文字上说，这

① 赵俪生：《略评〈拿破仑第三政变记〉柯译本》，载《文史学的新探索》，上海：海燕书店 1951 年版，第 187 页。

② 杨荟娟：《抗日战争时期马列著作翻译的特点》，载《高校讲坛》2010 年第 19 期。

③ 何锡麟：《回忆在延安翻译马列经典著作的情况》，载《马克思恩格斯著作在中国的传播》，北京：人民出版社 1983 年版，第 129 页。

部名著也可在文学上占最高的位置。[①]

对于《法兰西阶级斗争》和《拿破仑第三政变记》两本书，柯柏年曾回忆道："有种论点认为，这两本书不是马克思的主要著作。其实，恰恰相反。马克思正是在这两本书里应用他的唯物史观剖析了他所处时代的重大事件。如果我们要学习马克思的理论，学习他如何应用其理论，那就必须仔细钻研这两本书。特别值得注意的是，恩格斯为《拿破仑第三政变记》所写的绪论。在这篇绪论里，恩格斯用唯物史观解释了法、德两国从十九世纪中期到十九世纪末期这几十年的历史，并对未来的革命做了分析和预见。"[②]

抗战胜利后，1947 年 9 月，这本书由解放社出版了"胜利后的一版"。新中国成立后，重印的《雾月十八日》仍是上述"胜利后的一版"。1949 年，哈尔滨的新华书店、北京的人民出版社、上海的光华书店等再次以《拿破仑第三政变记》为书名出版了《雾月十八日》。特别是，人民出版社在 1953 年、1954 年两次印刷了该书。同年马列学院编写了《关于学习"拿破仑第三政变记"的参考材料》，编者在其后记中强调"这本书不甚易读，尤其是书中用典甚多，而且都是我们所不甚熟悉的外国典故，若对于这些典故不能了解，也就很难领会马克思的文章的妙处，因而障碍着领会文件的精神实质"。这些书在新中国成立后都曾再版或重印，但后来在有了中央编译局的译本后就不再印行了。

1950 年 12 月人民出版社成立以后，马列著作的编辑出版工作开始有了集中统一的规划。一方面把过去的译本（包括解放社版和三联书店版）重新校订后统一用人民出版社的名义出版；一方面组织翻译新的译本，苏联外国文书籍出版社的版本也经过原译者校订译文后重新排印出

① 〔德〕马克思：《拿破仑第三政变记》，柯柏年译，吴黎平校，延安：延安解放出版社 1940 年版，第 4 页。

② 柯柏年：《我译马克思和恩格斯著作的简单经历》，载《马克思恩格斯著作在中国的传播》，北京：人民出版社 1983 年版，第 32 页。

版。1951年至1953年间，除人民出版社外，其他数家出版社也零星出版过一些马列著作。1953年以后马列著作基本上都统一由人民出版社出版了。《马克思恩格斯文选》第1卷集中编载了马克思的关于19世纪法国历史的三篇著作，以“路易·波拿巴政变记”为题名收录了《雾月十八日》的全文，视其为运用历史唯物主义方法分析具体历史事变的光辉范例。[①] 1955年2月26日，《人民日报》第三版对《马克思恩格斯文选》第1卷内容进行了介绍，包括《雾月十八日》。

1953年1月，中共中央成立了马克思恩格斯列宁斯大林著作编译局（简称中央编译局），其任务是有系统有计划地翻译马恩列斯的全部著作。中央编译局根据1955年开始出版的《马克思恩格斯全集》俄文第二版并参照德文原著译出的《马克思恩格斯全集》（第8卷）中文第一版收入了《雾月十八日》一文。《马克思恩格斯全集》俄文第二版所收的《雾月十八日》是根据1869年德文版本翻译的。编者援引了苏共中央马克思列宁主义研究院的《第八卷说明》指出，《雾月十八日》“是科学共产主义的最卓越的著作之一。这一分析历史事件并从理论上加以概括的天才著作，同时也是革命政论的真正杰作”[②]。特别是，编译者在《马克思恩格斯全集》（第8卷）中文第一版中首次根据原著标题译为“路易·波拿巴的雾月十八日”，但并没有将马克思、恩格斯分别所写的两个序言编译在内。1962年，人民出版社据此出版了《路易·波拿巴的雾月十八日》一书，把1954年出版的《马克思恩格斯文选》中马克思、恩格斯的两篇序言其纳入此书中。[③]

1958年，中国青年出版社编辑出版的《马克思恩格斯列宁斯大林著作介绍》中介绍了《雾月十八日》历史背景、主要内容以及学习意义。编者认为：“这是《法兰西阶级斗争》一书的续篇，不仅科学总结了一八四八年法国革命历史经验，而且在科学社会主义理论方面作出了

① 《马克思恩格斯文选》第1卷，北京：人民出版社1954年版，第219—321页。

② 《马克思恩格斯全集》第8卷，北京：人民出版社1961年版，第XIII页。

③ 《路易·波拿巴的雾月十八日》，北京：人民出版社1962年版。

关于打碎旧国家机器的新结论，论述了工农联盟等重要原理。”① 编者强调《雾月十八日》在马克思主义发展史上的重要地位，对于全世界无产阶级革命实践的指导意义，视其为分析历史事件并从理论上加以概括的天才著作，是科学社会主义的一篇重要著作。

《马克思恩格斯选集》第1—4卷是中央编译局根据《马克思恩格斯全集》中文版选编，收录了马克思和恩格斯在各个时期的重要著作110篇，书信96封，共180万字。《马克思恩格斯选集》最早是重印苏联出版的谢唯真校订的《马克思恩格斯文选》两卷集，中央编译局编译的第一版四卷本《马克思恩格斯选集》是1966年6月出版的。当时文化大革命刚刚爆发，没有好好发行。1971年，在全国出版工作座谈会上，周恩来总理指示要出版马克思恩格斯和列宁的两部选集。中央编译局遵照周总理的指示，于1972年将编校后的《马克思恩格斯选集》第1—4卷交人民出版社出版，因1966年的版本基本没有发行，故这部《马克思恩格斯选集》就作为第一版第二次印刷。编者认为：“在这部著作里，马克思运用唯物史观，特别是阶级和阶级斗争的理论，深刻地分析了一八四八年法国革命的几个阶段，科学地阐明了路易・波拿巴政变的原因、实质及其结局，进一步发展了马克思主义国家学说和工农联盟的原理，第一次提出了关于胜利的无产阶级必须打碎资产阶级国家机器的结论。”②

改革开放新时斯，中央编译局根据党中央要求适应新时期马克思主义中国化的需要，为深入学习和研究马克思主义理论提供译文更准确、资料更翔实的马恩原著，决定编译一部中国版的《马克思恩格斯全集》，即《全集》第二版（即MECA版，又称国际版）。这个历史考证版收集的马克思恩格斯著作完全是他们的原始文字，主要是德文，也有

① 《马克思恩格斯列宁斯大林著作介绍》，北京：中国青年出版社1958年版，第85页。
② 《〈马克思恩格斯选集〉简要介绍》，沈阳：辽宁人民出版社1974年版，第94页。

英文、法文、意大利文、西班牙文等[①]。中央编译局完全按照马克思恩格斯的原文翻译。《马克思恩格斯全集》（第 11 卷）收入马克思和恩格斯在 1851 年 8 月至 1853 年 3 月所写的政治论著、时事评论、声明和文件，包括《雾月十八日》。[②] 在该版中，编者添加了《雾月十八日》1852 年版本中部分内容的注释。1995 年，在纪念恩格斯逝世一百周年之际，中央编译局又重编出版了《马克思恩格斯选集》四卷本的第二版，也就是拨改革开放以后的新版本。新版《马克思恩格斯选集》第1—4 卷，是中央编译局在原版基础上，根据《马克思恩格斯全集》俄文版和德文版的新版本译校而成，内容有一些调整。新版《马克思恩格斯选集》第 1 卷 1843—1859 年的著作，包括《雾月十八日》。[③] 相比于《马克思恩格斯全集》第二版所收录的《雾月十八日》，《马克思恩格斯选集》第二版增添了马克思所撰写的《1869 年第二版序言》和恩格斯所写的《1885 年第二版的序言》。

2001 年，中央编译局编译出版了《雾月十八日》的单行本，[④] 又根据党中央实施马克思主义理论研究和建设工程规划的新要求，着手编辑了 10 卷本的《马克思恩格斯文集》，其中第 2 卷收录了《雾月十八日》一书，这是《雾月十八日》最新的版本。

（本文来自 2013 年中央编译出版社出版的白云真所著《马克思〈路易·波拿巴的雾月十八日〉研究读本》有关内容。）

---

① 中央编译局研究员张奇方先生在审读文稿时指出了添加意大利文、西班牙文的批注，深表谢意。

② 《马克思恩格斯全集》第 11 卷，北京：人民出版社 1995 年版。

③ 《马克思恩格斯选集》第 1 卷，北京：人民出版社 1995 年版。

④ ［德］马克思：《路易·波拿巴的雾月十八日》，中央编译局译，北京：人民出版社 2001 年版。

# 拿破崙第三政變記

馬克思著

柯柏年譯　吳黎平校

馬恩叢書11

1940

馬克思恩格斯叢書

第十一種

# 拿破崙第三政變記

馬克思著

1940

解放社出版

馬恩叢書第十一種

拿破崙第三政變記

| | |
|---|---|
| 精裝本 | 六角 |
| 道林紙本 | 五角 |

著　者　馬克思
譯　者　柯柏年
校　者　吳黎平
出版者　解放社
發行者　新華書店

一九四〇年八月出版

# 拿破崙第三政變記

## 正誤表

| 頁 | 行 | 誤 | 正 |
|---|---|---|---|
| 三 | 一四 | 五縣又選他… | 有五縣又選他 |
| 一七 | 四 | 而是直接擺於 | 而是在直接擺於 |
| 三一 | 一四 | 國民會議立憲 | 國民立憲會議 |
| 三五 | 七 | 可是這 | 可是在這 |
| 四四 | 六 | 以會議反對派 | 以議會反對派 |
| 四四 | 一四 | …專制權力，陰謀勾結來對付革命 | …專制權力陰謀勾結，來對付革命 |
| 四七 | 一七 | 替亥爾 | 梯亥爾 |
| 五八 | 一四 | 益頻於危險 | 益瀕於危險 |
| 六〇 | 一六 | 禁止行政權而 | 禁止行政權力 |
| 六五 | 一六 | 聲泣俱下 | 聲淚俱下 |
| 七二 | 九 | 國民議會 | 國民會議 |
| 七九 | 八 | 燕飲於其下 | 鱗飲於其下 |
| 七九 | 一八 | 國民議會 | 國民會議 |

| | | | |
|---|---|---|---|
| 八一 | 七 | 替亥爾 | 梯亥爾 |
| 九六 | 一六 | 議員警備官 | 議院警備官 |
| 一〇五 | 四 | 替亥爾 | 梯亥爾 |
| 一一〇 | 九 | 無政府狀態 | 無政府狀態之間 |
| 一一五 | 一五 | 替亥爾 | 梯亥爾 |
| 一一六 | 一四 | 替亥爾 | 梯亥爾 |
| 一一七 | 一一 | 替亥爾 | 梯亥爾 |
| 一一八 | 二一 | 這種方量 | 這種[illegible]量 |
| 一二四 | 三 | 替亥爾 | 梯亥爾 |
| 一二八 | 九 | 替亥爾 | 梯亥爾 |
| 一三一 | 一七 | 替亥爾 | 梯亥爾 |
| 一三三 | 六 | 拿破崙弟一 | 拿破崙第一 |
| 一三三 | 一六 | 替亥爾 | 梯亥爾 |

# 目 錄

# 譯校者關於本書內容的一點說明

爲了使讀者易於明白本書的內容起見，我們簡略說一說法國第一次大革命以來的一些歷史事實。

一七八九年——一七九四年六月的法國第一次大革命，把封建制度推翻了。當甲可賓黨左派羅伯斯庇爾專政時期，把資產階級革命進行到澈底。一七九四年七月的政變，羅伯斯庇爾被推倒。至一八〇四年，拿破崙爲皇帝；這在歷史上稱爲『第一帝國』。在『第一帝國』時代，大資產階級決定政府底政策，而農民則保持其在革命中所得來的東西。隨拿破崙之失敗，波旁王朝復辟；這在歷史上稱爲『復辟時代』（一八一四年至一八二四年）。在『復辟時代』，以前被革命所趕跑的貴族回到法國來，企圖奪回其已失去的土地，雖沒有成功，可是他們由政府那裏得到了賠償。一八三〇年七月，巴黎爆發了革命。波旁王朝再度被推翻，但人民沒有能夠重建共和國。繼波旁王朝而起的，是奧爾良王朝。奧爾良公爵在十八世紀的大革命時，曾經參加革命，並改名爲公認『平等』，後來被殺。現在奧爾良公爵的兒子路易斐立普被奉為國王，這在歷史上稱為『七月王朝』。在『七月王朝』時代，握有政權的是金融大資產階級。至一八四八年二月，產業資產階級、小資產階級和無產階級聯合起來推翻了『七月王朝』，而成立了『第二共和國』（十八世紀法國第一次革命所成立的共和國，在歷史上稱為『第一共和國』；一八四八年革命所成立的共和國就稱為『第二共和國』；後來，一八七〇年革命所成立的共和國，稱為『第三共和國』）。

在二月革命成功之後，無產階級不滿足於僅是政治的變革，而要求根本的變革，要求勞動條件之變更。無產階級的獨立的行動，改變了法國各階級間之相互關係。在二月革命前，產業資產階級、小資產階級與無產階級是構成聯合戰線反對金融貴族；現在，產業資產階級轉成為無產階級的直接敵人，而小資產階級也轉到無產階級敵人底營壘中去了。在『六月事變』中，無產階級暫時被打敗了。

在『六月事變』之後，即無產階級既被暫時打敗之後，共和主義的『國民報』派，在國民會議中佔統治地位。在國民會議中還有『秩序黨』。『秩序黨』是代表地主的『正統派』與代表金融貴族及大產業家的『奧爾良派』之混合的保皇黨。

依照所定的憲法，進行總統選舉；卡凡涅克與路易•波拿巴競爭結果，路易•波拿巴得到了勝利，他於十二月十日被選為共和國大總統了。於是，『國民報』派之統治就完畢，而『秩序黨』繼之在國民會議中佔優勢了。

路易•波拿巴是拿破崙第一之姪兒，他有一個固定的思想，即自以爲命運決定了他繼承其伯父之事業。一八三六年十月三十日，他企圖在斯特拉斯堡舉事，事敗被捕，且遭放逐。次年，發表其著作『拿破崙的思想』（『IdeesNapoleoneunes』）。一八四〇年八月六日，又企圖起事於布倫，事敗，被判處終身監禁。一八四六年五月，他從阿姆炮台（他囚禁於此炮台中）逃出，逃往倫敦。一八四八年二月革命爆發之後，他回巴黎，投効臨時政府，但臨時政府拒絕其投効，命其出國，他於是復返倫敦。四月間，倫敦英國政府因防備憲章運動派的示威，招募了十七萬特別警察，以維護『法律與秩序』，而路易•波拿巴就是特別警察之一員。一八四八年六月，法國有四縣舉他爲立憲會議議員，會議認其可當選，但他提出辭職。在九月間，五縣又選他爲議員。十月間，取消了放逐波拿巴族的法令，他就回國就議員職。一八四八年十二月十日由五百四十三萬四千二百二十六票舉出他爲共和國大總統。他一攫得行政權，就陰謀重新建立帝國並自立爲帝。

擁護共和國的小資產階級的『山岳黨』與社會主義派聯合起來，組織『社會民主主義黨』，以反對『秩序黨』。『山岳黨』是法國第一次大革命時代甲可賓黨底稱號，因爲他們在國民大會中的坐位最高，故有這個稱號。一八五〇年立法國民會議中的小資產階級共和派的議員，又採取『山岳派』之稱號。他們的特色，就是口說大話而實際胆怯，他們不能堅决以革命手段來保衛共和國。

至於『秩序黨』的各派，他們雖都主張恢復帝制，但却同床異夢；『正統派』陰謀波滂王室復辟，而『奥爾良派』則陰謀奥爾良王室復辟。路易・波拿巴則與『正統派』及『奥爾良派』相對立，陰謀自立為帝。他們在恢復帝制這個問題上是一致的，但在誰做皇帝這個問題上却就相互衝突了。

各派互相鬥爭之結果。路易・波拿巴得到了勝利。他於一八五一年十二月二日舉行政變，解散了國民會議。全國舉行投票，極大多數擁護路易・波拿巴。一八五二年十一月二十一日全國投票決定恢復世襲帝國，十二月二日他被舉為法國皇帝。他的稱號是『拿破崙第三』（拿破崙第一之獨養子，被稱為『拿破崙第二』，在青年時代就夭折了）。他統治了法國幾十年，直至一八七〇年普法戰爭時，他打了敗仗，出降於普魯士，法國爆發了革命，並曾建立了『巴黎公社』（見馬克思著：『法蘭西內戰』），帝國乃被推翻。

馬克思底『拿破崙第三政變記』這部書，就是分析從一八四八年二月革命起至一八五一年止的法國歷史的經過。

在『拿破崙第三政變記』這書中，馬克思如此英明地深刻地分析了法國這一時期的歷史事變，如此具體地光輝地運用唯物史觀的偉大理論，使得這一著作（和馬克思的其他著作一樣）雖然到現在差不多經過了九十年，還不僅沒有絲毫喪失而反是日益顯示其內容的正確與意義的偉大。這眞是一部萬古不磨的，百讀不厭的名著。書上的文字，是非常美麗的，有力的。在文字上說：這部名著也可在文學上佔最高的一個位置。譯文沒有能夠充分地將原文的好處傳達出來，這是譯者校者所深深引爲自愧的。

本書譯文，譯者係按英文本並對照德文本譯出。校者係按俄文本、英文本並參照德文本校對。因爲三部本子在用語上、詞句上互有出入，所以在校對上並不固執按照某一種文字的版本，而是在各種本子中擇其最明白的校譯出來。這是譯者校者所應當向讀者聲明的。

爲着便利我們中國讀者的閱讀起見，我們在每章開頭加上了內容提要的附註。並在書後附載一八四八年至一八五二年法國大事年表。

譯者、校者　一九四〇年七月

# 序　文

# 第二版著者序文

我的如此早死的朋友約瑟•韋特梅爾 ( Joseph Weydemeyer )❶計劃在紐約從一八五二年正月開始發行一種政治週刊。他要我寫拿破崙第三底政變的歷史來給這一週刊。我因此在『路易•波拿巴底二月十八日』(The Eighteenth Brumaire of Louis Bonaparte)(現在大家都把此書名意譯為『拿破崙第三政變記』，我也從衆——譯者註)之題目下，每週為他寫一篇論文，一直到二月中旬為止。在這個時候，韋特梅爾底原來的計劃，歸於失敗。一八五二年春季，他發行了一種月刊『革命』，以代原定的週刊。『革命』底第二期，其內容就是我的『拿破崙第三政變記』。當時，這一期的『革命』有數百本沒有經過普通的書店而流入德國。我請一個自命極端急進的德國出版家來銷售這本書，他對於這樣的『逆乎時勢的要求』，報以真正道義的驚愕。

❶ 韋特梅爾是美國南北戰爭時代的聖路易區 St. Louis District 底軍隊司令官。 ——(馬克思註)

從上面這事實，就可看出這本書是在事件底直接的映象之下所寫成的，而其歷史的材料沒有越出二月（一八五二年）。這本書現在重新出版，一部份是由於書店底需要，一部份是由於我在德國的友人的慫恿。

與我的著作差不多同時出現的討論同一事件的著作，只有兩部是值得注意的：囂俄（Vistor Hugo）底『小拿破崙』（Napolean le Petit）和蒲魯東（Proudhon）底『政變』。

囂俄只是對政變負責的發動人作了辛辣的詼諧的詈駡。事件本身，在他的著作中，好像是晴天霹靂。他把這事件只看作是一個人底暴力行爲。他沒有看到，他賜予這個個人以世界歷史上空前的個人發動力，並不是使這個個人成爲渺小的，而反是使這個個人偉大起來。普魯東呢，他想要把政變敍述成爲以前的歷史發展底結果，可是，在不知不覺之間，政變底歷史的說明，却轉化成爲對於政變主人翁底歷史的辯護。這樣，他就陷於我們的所謂客觀的歷史家的錯誤。相反地，我證明法國的階級鬥爭如何造出了那些情勢和關係，使得一個凡庸的而且不像樣的人物可能扮演一個英雄的角色。

這本書如果加以修改，就定然失去其特有的色彩。因此，我只是改正印錯的字，並把現在已看不懂的諷刺語删掉。

我的著作底結語：『但是，如果皇袍終於落在路易•波拿巴之肩上，拿破崙底銅像就將從樊多姆圓柱(Vendomesaule)底頂上跌落下來』；——這句話是已經實現了。❶

❶ 樊多姆圓柱築造於一八〇六年至一八一〇年，是爲着紀

沙拉斯上校（Aberst Charras）在其論一八一五年的戰役之著作中，開始攻擊對於拿破崙的崇拜。隨後，尤其是在最近幾年，法國的著述以歷史的研究、批評、諷刺和詼諧這些武器，來終結關於拿破崙的傳說。在法國之外，這種對於傳統的民衆的信仰之暴烈的決裂，這個巨大的精神的革命，不爲人所注意，更不爲人所理解。

最後，我希望我的著作，會幫助去掃除現在流行的——尤其是流行於德國——所謂愷撒主義（Caesarism）底口頭禪。在這個膚淺的歷史的類比中，忘記了主要的一點，即，在古代的羅馬，階級鬥爭只發生於特權的少數人之內部，即發生於自由的富人與自由的窮人之間，而人口中廣大的從事生產的民衆，即奴隸，只不過是這些戰鬥者的被動的台脚。西思蒙第（Sismondi）說：羅馬的無產階級靠社會過活，而現代社會却靠無產階級過活；——人們把這句富有意義的話忘記了。由於古代的階級鬥爭與近代的階級鬥爭底物質的經濟的

念在一八〇五年拿破崙第一底軍隊底勝利。這根圓柱是以拿破崙第一與奧俄軍隊打仗時所繳獲的一千二百尊大炮鑄成的。柱頂立了一尊拿破崙底像。在『拿破崙第三政變記』中，馬克思預料路易・波拿巴之掌握政權就定然要終結對於拿破崙第一的崇拜，終結拿破崙的傳說。——這個預言不僅就馬克思於一八六九年序文中所寫的那種意義來說，是實現了。馬克思寫了這幾句話之後十五個月，路易・波拿巴就被廢，而在一年半之後，就由巴黎公社（一八七一年五月十六日）決定毀去樊多姆圓柱；巴黎公社把樊多姆圓柱視爲沙文主義與國際仇恨之象徵。巴黎公社失敗後，圓柱依舊恢復成以前的樣子。 ——譯者註

條件完全不相同，所以這種鬥爭所產生的政治人物，也就不能有比較坎特布里大主教（Archbishop of Canterbury）與祭司長撒母爾（High Priest Samuel）之間所有的更多的共通點。

一八六九年六月二十三日於倫敦

# 德文第三版恩格斯序文

在『拿破崙第三政變記』初次出版三十三年之後，還有印行新版之必要；這一事實，就證明這部著作即使在今日也沒有絲毫喪失其價值。

的確，本書是一部天才的著作。在事變發生之後（這個事變像晴天霹靂一般地震驚整個政治界），有些人高聲從道義上非難它，有些人把它當做從革命中解救出來的出路，以及對於革命的錯誤之懲罰，但大家都只是對它驚呆，而沒有一人能理解它——在這一事變發生之後，馬克思立即就發表一個簡潔的諷刺的敍述；這篇敍述，對於自二月事變以來的法國歷史底全部經過，以其內在相互的聯系來說明，把十二月二日底奇蹟，解釋成爲這種相互聯系底自然的、必然的結果，而在這樣解釋時，對於政變底主人翁，除了以應有的輕蔑去對付他之外，用不着以其他的態度去對付他。馬克思把圖畫描寫得如此的精巧，使得後來每一次新的發現都只是重新證明這幅圖畫是何等忠實地反映了現實。對於活的眼前的歷史之如此卓越的理解，在事件發生時對於事件之如此明晰之洞察，眞是天下無雙的。

但要做到這個地步，馬克思對於法國歷史還一定要有精確的知識。法國是這樣的一個國度，在那裏，歷史的階級的鬥爭，每次比其他的任何國度更多地到達決定的結果。因此在法國，常常變化的政治形式，也就輪廓極明確，而階級鬥爭則就是在這些政治形式之內進行的，同時階級鬥爭底結果，也要表現於這些政治形式之中。法國是中古時代的封建主義底中心，自文藝復興時代❶以後，法國是等級制度的統一的君主政治底模範國；在大革命中，法國破毀了封建制度，建立了純粹的資產階級統治，其古典的純粹性，是歐洲任何其他的國度所不能比擬的。力求向上的無產階級與統治的資產階級之鬥爭，也採取了他國所未見的尖銳的形態。這就是爲什麼馬克思不只特別愛好研究法國底過去的歷史，而且還詳細研究法國底現在的歷史，搜集材料以備將來的使用，因此決不會因事件發生而吃驚。

可是，此外，還有另一情況。最先發見歷史運動的偉大的規律的，不是別人，正是馬克思。按照這個規律，一切歷史的鬥爭，不管它們是在政治的、宗教的、哲學的，或是其

❶ 在英國、法國和德國的資產階級革命之前，從十四世紀到十六世紀這個時期，稱爲『文藝復興時代』(Renaissance)。在這個時候，城市資產階級開始興起，而資產階級的文化也開始發展，尤其是在意大利與地中海沿岸各地。資產階級的文化與中古時代的、僧侶的、封建的文化相對立，而對古代希臘和羅馬文化有非常大的研究興趣。——譯者註

他意識形態的領域中進行，實際上只是社會的諸階級鬥爭之或明或暗的表現，而這些階級底存在，以及它們中間的衝突，本身是由它們經濟狀態底發展程度、生產性質和生產方式以及由生產決定的交換性質、交換方式來形成的。這個規律對於歷史的意義，是與『能力轉化律』對於自然科學的意義相同的。在此書中，正是這個規律給馬克思以一把理解法蘭西第二共和國歷史之鑰匙。在這些歷史的事變上，他試驗了他所發現的規律——就是過了三十三年後，我們還一定要承認這個規律是光輝地經得起試驗了的。

恩格斯 一八八三年

# 拿破崙第三政變記

——卡爾・馬克思——

# 1❶

黑格爾曾在某處說過：一切大的世界歷史的事變和人物，好像都出現兩次。他忘記了添加說：第一次是以悲劇出現，第二次是以喜劇出現。考西狄爾（Coussidiere）代替丹敦（Danton），路易・勃郎（Louis Blanc）代替羅伯斯庇爾（Robespierre），一八四八年至一八五一年的山岳黨代替了一七九三年至一七九五年的山岳黨，姪兒代替伯

❶ 本章包括一八四八年二月二十三日至六月二十七日的時期。

開首論及唯物史觀的理論，繼而指出資產階級革命與無產階級革命之間的區別，其次詳述革命底第一階段（使二月革命到六月事變）之經過，在這一階段中，其他的各階級聯合起來對付無產階級，把無產階級打敗。——譯者註

文。並在『布律美爾十八日』❶底第二版發行時的情勢中，也有同樣的效顰。

人們創造自己的歷史，但是他們之創造並不是任意所欲，也並不是在他們自己所選擇的情形之下，而是直接擺於眼前的、既有的、從過去傳下來的情勢之下。一切已死的世代的傳統，好像夢魔一般地壓着活人底頭腦。當他們好像是從事於變革自己和事物，從事於創造完全新的事物時，恰恰在這樣的革命危機底時代，他們焦心地召喚過去的亡靈來為自己効力，向其借用名稱、戰鬥口號和服裝，以便穿着古老服裝，說着借來的詞句，來演出世界歷史底新場面。路德(Luther)就是這樣地戴着使徒保羅(Apostel Paulus)底面具，一七八九年至一八一四年的革命，就是這樣交替地穿着羅馬共和國和羅馬帝國底衣裳，而一八四八年的革命則就只知仿效一七八九年和一七九三年至一七九五年底革命傳統。同樣地，新學生學了新的語言，也總是把新的語言譯成他的本國的語言。但是，只有當他在運用新語言時再不想到舊語言，並且在運用新語言時忘記了祖傳的語言之際，他才融會

❶　在布律美爾十八日(Achtzehnten Brumaire)(照第一次法國資產階級革命時代所採行的革命的曆，布律美爾是二月)，或一七九九年十一月九日；拿破崙舉行政變，他以第一執政之資格，把最高的權力集中於其手中；在一八〇四年，他自立為皇帝。『布律美爾十八日底第二版』這句話，馬克思所指的，是拿破崙第一的侄兒——路易·波拿巴，在一八五一年十二月二日所舉行的政變。——編者註

了新語言底精神，才能自由地以新語言表達其思想。

在觀察世界歷史上如何召喚亡靈的情形時，我們立卽看出一個顯著的差別。卡密爾•戴謨蘭（Camille Desmoulins）丹敦（Danton）、羅伯斯庇爾（Robespierre）、聖柔斯特（Saint-Just）、拿破崙、舊法國革命底英雄們以及各黨派和民衆們，穿着羅馬的服裝並說着羅馬的詞句，來完成他們的時代底任務，卽解放和建立現代資產階級社會的任務。前一些人打碎封建的基礎，並割去生長於其上的封建的頭顱。而後者則在法國國內創造這樣的一些條件，使得在這些條件之下，自由競爭能夠首先發展，分割的小塊土地，能被取用，國內解脫了桎梏的生產力能被使用；而在法國疆域之外，則它到處掃除封建的形式，因它需要爲法國的資產階級社會，提供一個適當的合時的歐洲大陸上的環境。新的社會結構一旦建成，則太古的巨人們就消滅了，而復活的羅馬人——布盧塔斯（Brutus）、格拉嘉（Gracchi）、巴布利古拉斯（Publicolas）、人民保護官（Tribunes）、參議院議員（Senators）和愷撒（Caesar）自己——也隨之消滅。資產階級社會，在其冷靜的現實中，找到了自己眞實的翻譯者和代辯者——賽伊（Says）、庫聲（Cowsins）、拉耶•科拉爾（Royer-Collard）本哲明•空斯同（Constants）和基佐（Guizot）之流；它的眞正的軍事首領們，是坐在商行的寫字檯的背後，而頭腦肥得像猪一樣的路易十四，却是其政治的首領。資產階級社會全然埋頭於財富底生產與競爭底和平鬥爭，它已不再理解，羅馬時代底幽靈是曾經守護過它底搖籃的。可是，資產階級社會雖然不是英雄主義的，但它却還需要英雄主義、犧牲、恐怖、內戰、民族戰爭，來使自己誕生。而它的鬥士們，在羅馬帝國底古典嚴肅的傳統中，找到了理想與藝術形式，這些理想與藝術形式，是他們所需要的自我欺騙，俾使他們看不見他們鬥爭的內容底資產階級的狹隘性，而把他們的熱情保持在歷史的大悲劇底高度上。同樣地，在另一發展階段上，在一世紀以前，克倫威爾（Cromwell）及英國人民，曾經從『舊約聖經』借得他們資產階級革命所用的詞句、熱情和幻想。❶當眞正的目的已經達到時，當英國社會已完全轉化成爲資產階級社會時，洛克（Locke）就取哈巴谷（Habakkuk）底地位而代之（哈巴谷是希伯萊的一位先知，『舊約聖經』中有一篇記載他底言行，就名爲『哈巴谷』。——譯者註）。

所以，在那些革命中，喚起已死的人物，其目的是在於讚美新的鬥爭，而不在於仿效舊的鬥爭；其目的是在於稱揚想像中的既定的任務，而不在於迴避這些任務底現實上的解決；其目的在於再度找到革命的精神，而不在於使它的幽靈重新起來行走。

從一八四八年到一八五一年，只有舊革命底幽靈在走着，從假扮老巴依（Bailly）戴着黃手套的共和主義者馬拉（Marrast）起，到那位以其卑鄙可厭的面貌隱匿於已死拿

❶ 在英國的資產階級的革命中，『資產階級與新貴族聯盟反對君主政體、封建貴族和統治的教會。』（馬克思語）
——編者註

破崙底鐵面之下的冒險者（指路易・波拿巴——譯者註）止。全體人民，曾自認以爲經過了一個革命，他自己使自己運動的力量加速起來，可是，他們突然地看到自己被拉回到一個已死的時代，並且爲使對於這個逆轉不會有任何誤解起見，舊的事物重又復活了，早已歸入考古學知識之內的舊的年代、舊的名稱、舊的布告和好像早已死亡和腐朽的舊的刑吏，重又復活了。國民看來好像是培德拉姆（Bedlam，英國的一個瘋人院——編者註）的癲狂的英國人，他們想像着以爲他們是生活於古代法老（Pharaoh，古代埃及國王之稱——譯者註）底時代，他們每天爲着自己在伊西俄皮阿（Ethiopia）礦中的掘金苦工而叫苦，他們被禁於這地下的牢獄中，頭上繫着一個暗淡的燈，他們後面跟着手拿長鞭的奴隸監視人，洞口有一大羣雜沓的野蠻的兵士，他們既不懂礦內苦工底話，又不懂他們自己相互之間的話，因爲他們沒有共通的語言。癲狂的英國人嘆道，『叫我做這許多的事，爲着替代老法老挖金子，叫我，一個生下來是自由的英國人，做這許多的事。』『爲着替波拿巴家族還債』，法蘭西的國民嘆道。英國人，當他們頭腦還清醒時，總不能擺脫掘金這個固定的念頭。法國人，當他們方從事於革命時，也總是不能擺脫對於拿破崙之追念，如一八四八年十二月十日的選舉❶所證明了的。他們的憬憧，從革命的危險，傍回到埃及的肉鍋，而一八五一年

---

❶ 在這一天，路易・波拿巴被舉爲共和國底大總統
——編者註

十二月二日，就是回答。他們不僅有老拿破崙的諷刺畫，而且有諷刺畫化的老拿破崙自己，——老拿破崙如出現於十九世紀中葉，其樣子是免不了要諷刺畫化的。

十九世紀底社會革命，不能從過去，而只能從將來，取得自己的詩歌。當它還沒有除去對於過去的一切迷信時，它不能使自己開頭起來。以前的革命，需要世界歷史底回想，俾能向自己攪亂自己的內容。十九世紀的革命，一定要讓死者埋葬他們的死者，俾能向自己弄清自己的內容。過去的革命，詞句超過了內容；現在的革命，內容超過了詞句。

二月革命是一個奇襲，是出乎舊社會意料之外的，而人民則宣稱這個不意的打擊爲一個好像劃下新時代似的世界歷史的行動。在十二月二日，二月革命被狡猾的賭徒的作弊辦法所竊去了，結果，所被推翻的，不是君主政體，而是以幾百年來的長期的鬥爭從君主政體所爭取得來的自由主義的讓步。結果，不是社會獲得了新的內容，而只是國家回復到它的最舊的形態，回復到刺刀和僧衣底無恥的單純的統治。這就是一八五一年十二月 Coup de tete（對腦袋的打擊），對於一八四八年二月 Coup de mian（對於手的打擊）的答覆。得來容易，失去也容易。可是在其中間的這個時期，並不是空過的。在一八四八年到一八五一年這個時期，法國社會，以速成的方法——即革命的方法——來塡補研究和經驗，這些研究和經驗，照正常的或者說合乎教科書的發展進程來說，是應當發生於二月革命之前的，以便使二月革命不只成爲一種表面上的動盪。看起來社會現在是退到它的出發點之後去了；確實的，社會還不得不再首先造成革命底先決條件，即造成近代革命所唯一賴以成爲鄭重的革命的那種形勢、關係和條件。

資產階級革命，如像十八世紀的那些革命，很迅速地連得勝利；它們底舞台的效果，一個比一個更加眩目；人和事物，好像是處於燦爛的光輝之中；狂歡成爲日常的精神；可是它們是容易消逝的；它們不久就到達其最高峯，在社會學得如何去冷靜地領略疾風怒濤時期底結果以前，長期的消沉狀態已經籠罩於社會之上了。另一方面，無產階級革命，如像十九世紀的那些革命，經常地自己批判自己，不絕地在自己的行程中，中斷下來，回到那看來好像已經完成的東西，以便重新開始，來無[illegible]徹底地嘲笑自己頭幾次企圖的不徹底性、柔弱性與不中用性。它們把自己敵人打倒下去，好像只是使敵人從大地上吸取新的力量，而更強大地站立起來與它們爲敵，它們再次地因見到自己目標底無限偉大而驚退，一直到造成了無路可退的形勢的時候，那時，情況本身大聲叫喊出來道：

羅特島❶在這裏，跳躍吧！

玫瑰花在這裏，跳舞吧！

至於其餘呢，那末，每一個多少勝任的觀察者，就使他沒有逐步追隨法國發展道路，也一定預知二月革命將受到

---

❶ 羅特島在小亞細亞的海邊。島上有著名的太陽神像與著名的文學院，島上的居民以善航海著稱。——譯者註

前所未聞的屈辱。只要聽一聽民主派先生們對於一八五二年五月二日❶底天佑之果互相慶祝的自鳴得意的勝利咆哮，就已足夠了。在他們底頭腦中，一八五二年五月二日，已經成爲一個固定的觀念，一個敎條，正如千年太平說底信徒們(Chiliasten)❷頭腦中的基督再來和千年天國始歸之日期一樣。像從來那樣，弱者總是以信仰奇蹟來逃避自己，他們以爲，在想像中把敵人驅除就已經把敵人征服，他們對於未來，對於他們所打算做而現在還沒有實行的行爲，空洞地贊美着，因而他們就喪失了一切對於現在的理解。這些英雄們，要想以互相表示同情和集成一羣，來否認自己的顯然的無能；他們收拾起東西，預先編好了月桂冠(即勝利之象徵——譯者)，而復在交易所中，把紙上的共和國——它的政府的人員，是已經由他們以雍容的氣質而安靜地、周詳地詮定好了的——拿出去貼現。十二月二日，像晴天霹靂一樣地打擊着他們。而人民(他們在儒怯的意氣消沉的時代，樂意讓最大聲的空喊家來消解他們自己內心的不安)，這些人民，在這一次或者會深信：鵝鳥鳴聲能拯救卡比託(Capitol)的那種時代，

❶ 一八五二年五月二日是舉行選舉新大總統之日期。憲法規定任何人都不能接連二次，被選爲大總統一定要隔四年之後才能第二次中選。因此，路易・波拿巴一定要在這一天退職。

——編者註

❷ 古代的基督教派的信徒，他們相信基督敎之再來與千年天國——地上之千年樂園——之建立。 ——編者註

是早已經過去了。❶

憲法、國民會議、幾個保皇黨❷、藍色的共和主義者和赤色的共和主義者❸、非洲的英雄們❹、講壇的雷鳴、日報的閃電、所有的刊物、政治上的名人和知識界的名士、民法和刑法、自由、平等、博愛與一八五二年五月二日——所有這一切，都在一個人（這個人連他的敵人也沒有視之爲魔術師的）底咒文之前，像海市蜃樓一般地消失了。只有普選制好像還一時存在，可是這也只是爲着在全世界面前親手寫下自己的遺囑，並以民衆自己的名義宣布：一切存在的東西都是値得滅亡的。

像法國人那樣，說他們的民族遭受不意的襲擊；這樣說是不夠的。民族與婦女，不會寬恕在不戒備的時間，讓最先到來的冒險者能姦汚她們。這樣的說法，並沒有把謎解答，而只是換了一個方式而已。三千六百萬人的民族，怎樣會被三個頭等的騙子所不意襲擊，怎樣會沒有抵抗地被其俘虜；這點是有待於說明的。

---

❶ 據一個很老的羅馬的故事說，當羅馬被圍時，在羅馬堡壘卡比託中的神鵝，覷覰而鳴，驚醒了守兵，使守兵能擊退夜襲的敵人。 ——編者註

❷ 是指正統派與奧爾良派。詳見本書第二章的一個附註。 ——編者註

❸ 藍色共和黨是指資產階級黨，而赤色的共和黨則是指社會主義黨。 ——編者註

❹ 指那些由於在非洲侵略阿爾及利時的野蠻行爲而聞名的將軍們（卡凡涅克、盛加民族及其他）。 ——編者註

我們概括地重述法國革命自一八四八年二月二十四日至一八五一年十二月所經過的諸階段罷。

三個主要的時期，是很明顯的：二月時期；從一八四八年五月四日至一八四九年五月二十九日共和國制定時期或國民立憲會議時期；從一八四九年五月二十九日至一八五一年十二月二日立憲共和國時期或國民立法議會時期。

第一個時期，從二月二十四日，或從路易·斐立普推翻之日起，至一八四八年五月四日立憲會議開會之日止，是二月時期的本身，可以稱爲革命底序幕。這一時期的性質的官式表現，是在於這一時期所倉卒造成的政府，自己宣稱是臨時的。如同政府是臨時的一樣，在這個時期所提出的、企圖的和發表的一切，也都自稱是臨時的。沒有任何人和任何事物敢於要求永久存在之權利和眞正事業之權利。王朝的反對派、共和主義的資產階級、民主共和主義的小資產階級和社會民主主義的工人，這一切準備了和決定了革命的成份都臨時地在二月政府中找到了它們底位子。

且也不能有別種樣子。二月事變原來目的是要改革選舉制，把有產諸階級本身中間的據有政治特權者底範圍擴大，把金融貴族底專制的統治推翻。可是當實際衝突發生之時，當民衆進入市街戰之時，當國民警衛軍採取了消極態度，軍隊不認眞抵抗，國王又逃之夭夭之時，共和國就成爲當然的了。每一黨派都以自己的意思去解釋共和國。因爲它是無產階級以武力奪取得來的，所以，無產階級就在它上面蓋着自己的烙印，並宣布它是社會共和國。這樣就指示了現代革命底一般的內容，這個內容是和當前所能立即實現的一切（在大衆所達到的教育程度之下，在現有的情勢和各種關係之下，用現有的材料所能立即實行的一切）極其矛盾的。在另一方面，其他參加二月革命的成份的要求，由於他們在政府中的獲得，就大部份被滿足了。這就是爲什麼沒有一個時期像這一時期那樣有如此複雜的混合：誇大的空話與實際上的不自信和笨拙，混在一起；更加熱烈的謀求改革之努力與舊有陳規之更加根深蒂固的支配，混在一起；社會全體之表面的調和與社會各種成份間之更深刻的乖離，混在一起。當巴黎的無產階級還沉溺於那種展開在自己眼前的前途底希望並認眞討論社會問題時，社會底舊勢力集合起來，團結起來，沈思起來，並得到了國民大衆——農民與小資產者之意外的擁護；農民和小資產者在七月王朝傾覆之後，立即就躍上政治舞台。

第二個時期，從一八四八年五月四日至一八四九年五月末，是制憲時期，資產階級的共和國的組織與建立時期。緊接着二月事變之後，不僅王朝的反對派被共和派所嚇住，共和派被社會主義者所嚇住，而且全法國也被巴黎所嚇住。在一八四八年五月四日開會的國民會議，是國民所選舉的，是代表着國民的。國民會議是對於二月事變的過分要求之活的抗議，並且是要使革命的結果降低到資產階級的水準。巴黎的無產階級，立即就看出國民會議底性質，他們在國民會議開會幾天之後，在五月十五日，企圖以武力停止其存在，解散它，把這有機體（在這有機體中，無產階級爲國民底反動的精神所威脅）重新分解爲其構成部份，但他們沒有成功。如大家所周知的，五月十五日沒有別的結果，而只是使勃朗基（Blanqui）及其同志們，即是無產者黨的眞正指導者們（革命的共產主義者們）❶在我們所考察的週期底整個期間，退出了公共的舞台。

在路易・斐立普底資產階級的君主政體之後，只能有資產階級的共和國，這就是說，如果以前資產階級的有限的一部份在國王底名義之下操着統治權，那末，現在資產階級全體將在人民的名義之下操着統治權。巴黎無產階級底要求，是必須被終止的空洞的烏託邦。對於國民立憲會議的這一聲明，巴黎無產階級用六月起義——歐洲內戰史上最巨大的事變——來回答。可是勝利者却是資產階級共和國。站在這一共和國方面的，有金融貴族、產業資產階級、中間階級、小資產者、軍隊、組織於別動隊中的流氓無產者羣、知識界、教士和農村居民。而站在巴黎無產階級這一方面的，却只有巴黎無產階級自己。在勝利之後，起義者遭受屠殺的在三千以上，有一萬五千人沒有經過審問而遭放逐。隨着這一次的失敗，無產階級就退入革命舞台的後面。每遇運動好像是重新開始抬頭時，無產階級就乘機企圖再向前進，可是這些企圖却日益薄弱、日益缺乏效果了。每當在無產階級上面的一個階層進到革命激動中的時候，無產階級就與它締結同盟，

❶ 在方括弧中的這一段話，見於第一版，而在往後的各版中就被删去。——註者編

因此，無產階級也就分受了各個政黨所順次淚受的失敗。但是，這些相繼而來的打擊，當其越發分散於社會底整個平面時，就越來越微弱了。無產階級在國民會議中和報紙上的比較重要的領袖們，相繼地被捕判罪，而起來代替他們的，却是日益模稜兩可的人物。無產階級有一部份人投身於**空談主義的實驗，投身於交換銀行和工人聯合社，就是說，投身於這樣的一個運動，在這個運動中它拋棄了以其自己偉大的羣策羣力的手段來變革舊世界的思想，而寧願在社會的背後，依個人的方法，在其有限度的生存條件之範圍內，企圖實現自己的解放**。因此，**它必然是失敗的**。看來無產階級既不能在其自身中發見革命的偉大，又不能從那些新近締結的同盟中獲得新的能力；一直到最後，無產階級在六月所與其鬥爭的一切階級，也都隨無產階級之後而顛仆下來。但是，至少，無產階級是帶着世界歷史的偉大鬥爭底光榮而被打敗的；不僅法國，而且整個歐洲，都在六月地震之前戰慄着；可是，上層諸階級底後來的失敗，却如此便宜地被造成，使得得勝的黨派只有加以無恥的誇張，才能稱之爲一種事變，同時，這種失敗的黨派，離無產階級越遠，則這些失敗就越是可恥。

六月起義者底失敗，確實爲資產階級共和國的奠立與建築準備了並夷平了一個基地，但同時，它指出，在歐洲所爭論的，已非『共和國呢還是君主國呢』的這個問題，而是其他的問題。這一失敗，顯示出資產階級共和國在這裏就是一個階級對於其他階級之無限制的專制政治。它指明了，在舊文明的國度中（它有着發展了的階級構成，有着近代的生產條件，有着那種因好些世紀的工作而把一切傳統觀念都吸收於其本身之中的精神意識），在這樣的國度中，共和國一般地只是資產階級社會的革命的政治形式，而不是它的保守的生活形式，例如美國，在那裏雖已有階級，但還沒有固定，它們在不斷的運動狀態中改變，並互變其構成部份；在那裏，近代的生產手段，不僅不是與停滯的人口過剩相適應，而却是相反的造成人口與人手相對的缺乏；最後，在那裏，物質生產底熱狂似的青年氣僦的運動（它正要爭取一個新世界），既沒有時間也沒有機會來從事舊的幽靈界的廢除。

在六月事變中，一切的階級和政黨，團結於秩序黨中，以與無政府黨、社會主義黨、共產主義黨的無產階級相對抗。它們從『社會之敵』手裏，『挽救』了社會。它們以舊社會底標語『財產、家庭、宗教、秩序』作爲它們軍隊的口令，並對反革命的十字軍高呼道：『在這旗號之下，你們將會勝利！』從這個時候起，集合於這個旗號之下來反對六月起義者的許多政黨中，如果有一個企圖爲其自己階級的利益而固守革命的陣地時，那末，它就在『財產、家庭、宗教、秩序』的呼聲之前被打下去。於是，每一次社會底統治者底範圍被縮小，每一次更加狹小的利益，壓倒更廣大的利益，每一次社會就被拯救了。任何最單純的資產階級財政改良的要求，任何最平凡的自由主義的要求，任何最形式的共和主義的要求，任何最淡薄的民主主義底要求，都同時被當作是『對社會的危害』而加以處罰，都被稱呼作『社會主義』而加以謾罵。最後，『宗教和秩序』底說教者們自己，被趕出他們愛普羅神殿的三脚祭壇，在黑夜間被拖出他們的床舖，被關進囚車，被投入獄中或被放逐出國；他們的神殿被拆毀，他們的口被封住，他們的筆被打斷，他們的法律被人在宗教、財產、家庭、秩序之名義之下來撕碎。熱狂於秩序的資產者，在他們的陽台上被喝醉了酒的一羣兵卒所射殺，他們的家庭的神聖之物被褻瀆，他們的房屋被炮擊以爲取樂——所有這些都是在財產、家庭、宗教和秩序之名義之下來幹的。最後，資產階級社會的滓渣，組成了秩序底神聖的方陣，而英雄克拉普林斯基（Crapulinsky）⓫跑進推勒里王宮（Tuileries）⓬自立爲『社會底救主』。

---

⓫ 海涅（Heine）底詩『兩個騎士』中的主人翁。在這個角色中，海涅嘲笑着吝嗇的波蘭貴族（『Crapulinsky』這個名字是出自法國字Crapule——貪食、貪婪）。馬克思在這裏是指路易・波拿巴。——編者註

⓬ 推勒里王宮只是法國政府元首之住所。——編者註

# 2①

讓我們來重新撿起事變發展底線索吧。

六月事變以後的國民立憲會議底歷史，是資產階級共和主義政派的統治與解體的歷史，這一政派是以三色旗共和主義者、純粹共和主義者、政治的共和主義者、形式的共和主義者等等聞名的。

在路易·斐立普底資產階級君主國下面，這一政派，形成為官式的共和主義的反對派，因此，也就形成為當時政治界底一個公認的構成部份。它在議院中有自己的代表，在報界有很大的勢力範圍。它的巴黎機關報『國民報』(National)，

---

① 本章包括一八四八年六月二十八日至一八四九年五月二十八日的時期。

詳述革命底第二階段之經過：無產階級被打敗之後，純粹資產階級共和派專政，製成了憲法，全國舉路易·波拿巴為大總統，大總統與秩序黨聯合起來對抗國民會議立憲。國民會議被宣布解散。純粹資產階級共和派趨於沒落。——譯者註

在其方式上，是與『論辯報』（Journal des Debats）被視爲同樣可尊敬的。它的性質，是與它在立憲君主國下面所處的這個地位相稱的。它並不是什麼重大的共通利益所結合的以及什麼特殊生產條件所劃分成功的一個資產階級政派。它是懷着共和主義意見的資產者、著作家、律師、軍官和官吏的一個朋黨。它的影響，是基於全國對路易·斐立普個人的反感，對第一共和國的懷念，若干熱心家對共和主義的信仰，以及主要的**法國人的民族主義**；這種民族主義對於維也納條約之憎惡以及對於與英國聯盟之憎惡，它是不斷地加以煽起的。在路易·斐立普統治下面，『國民報』之所以擁有信徒，大部份是要歸功於這種掩蔽的帝國主義的，這種帝國主義，使得後來在共和國下面，路易·波拿巴能夠成爲一個致命的競爭者，來與『國民報』派相對立。『國民報』派，也和其他資產階級反對派一樣，和金融貴族作了鬥爭。在反對預算案的論爭中（在法國，反對預算案的論爭是與反對金融貴族的鬥爭密切相聯的），可以如此便宜的取得人望，可以有如此豐富的材料來寫作清教徒式的社論，●使得這種論爭儘可以大爲利用。產業資產階級感激『國民報』，因爲它奴顏地爲法國的保護關稅制度辯護，而它之所以贊同保護關稅制度，由於經濟原因者少，由於民族原因者多。整個的資產階級感激它（指『國民報』——譯者），因爲它惡意地攻

---

● 清教徒（Puritan）是英國之一教派。在這裏，是指清教徒反對奢侈，並像法利賽人那樣要求嚴格習慣的這種態度。

——譯者註

拿共產主義和社會主義。一般說來，『國民報』派，是純粹的共和主義派，這卽是說，它要求以資產階級統治底共和國的形式，去代替其君主國的形式，而且更重要的，是爲自己獲取這一統治底最大的一部份。關於這一政治轉變底條件，它是沒有明確見解的。可是，它很清楚地看到，像青天白日那樣清楚地看到（而且於路易・斐立普統治底末期，在改良宴會上爲人所公開承認了的），它在民主主義的小資產者中間，尤其在革命無產階級中間，是不得人望的。這些純粹的共和主義者，如純粹共和主義者所眞正會表現的那樣，在二月革命一爆發，使得他們最知名的代表取得了臨時政府中的地位的最初一瞬間，就完全準備好滿足於奧爾良公爵夫人底攝政了。❶他們自然一開始就取得了資產階級底信任，並在國民立憲會議中佔了多數。國民會議開會時，組成了一個執行委員會，可是臨時政府中底社會主義的份子，却立卽被排除出來了。『國民報』派更利用六月起義底爆發，來解散執行委員會，因之，也就除去了它的直接的對手——小資產階級的或民主主義的共和主義者（勒特路・盧蘭等人）。卡凡涅克（Cavaignac）、資產階級共和黨的將軍、六月屠殺底指揮者，代替了執行委員會而握有一種獨裁的權力。馬拉（Marrast），『國民報』底前任總編輯，成爲立憲會議底長

❶ 在一八四八年二月二十四日的早晨，路易・斐立普被革命的起義所嚇倒，簽署他的退位詔書，將王位讓與他的孫子巴黎伯爵。因爲巴黎伯爵尚未成年，提議由他的母親奧爾良公爵夫人任攝政之職。——譯者註

期的議員。內閣閣員以及其他重要職位，卻落於純粹共和主義者手中。

這樣，早就自視爲七月王朝底正統繼承人的資產階級共和主義政派，就得到了超乎其希望的成功。可是，它之取得政權，並非如它在路易·斐立普執政時代所夢想那樣，由資產階級對國王舉行一個自由主義的反叛，而是由無產階級對資本舉行起義，這個起義是被槍彈所鎮壓下去了的。資產階級所想像的最革命的事件，在實際上是最反革命的事件。果實落於資產階級底懷中，但並不是落自生命之樹，而是落自智慧之樹。

資產階級共和主義者底獨佔統治，只自一八四八年六月二十四日起存在到十二月十日。它只限於制定共和主義的憲法與宣布巴黎戒嚴。

新的憲法，在實質上，不過是一八三〇年底憲章❶底共和主義化的版本。七月王朝對於選舉資格之狹隘的限制，把資產階級底一大部份也排出於政治的統治權之外，這是與資產階級共和國底存在不能相容的。二月革命立卽就宣布直接的普選制，以代替這種選舉資格的限制。資產階級共和主義者，不能除去這一已經發生的事件。他們只得滿足於加上這樣的一個限制，卽只有在該選舉區居住六個月以上者才有選

❶ 在一八三〇年七月革命之後，憲法底修改，對於以前的選舉制度，差不多完全沒有變動。只是把選舉的財產資格降低爲二百法郎；而年齡資格也從四十歲減爲三十歲。在法國的三千四百萬人中，有選舉權的，不過是二十五萬人。——編者註

舉權。行政、市政、司法與軍隊等等底舊組織，都一仍其舊，憲法上所規定的某些改變，只是關於形式而不是關於內容，只是關於名稱而不是關於事物。

一八四八年的自由（人身的自由，出版、言論、結社、集會、教育和信教等等的自由）底不可避免的總司令部，穿上了一套憲法的制服，使這些自由成爲不可侵犯的。這些自由中每一種自由都被宣布爲法國公民底絕對的權利，可是這些權利下總是附以這樣的一個註解，即，這些權利只當其不受『別人底同一權利與公共安全』所限制的時候，不受『法律』（法律之目的正在於保證個人的自由與他人自由及公共安全間的協調）所限制的時候，才是無限制的。例如：『公民有結社之權利，有和平的和非武裝的集會之權利，有請願與自由發表意見——不論在報紙上或用其他方法——之權利。這些權利底享受，除了他人的同一權利與公共的安全之外，不受其他的限制』。（法國憲法第二章第八節）——『教育是自由的。在法律所規定的條件下，並在國家的監督之下，享受教育底自由。』（同上第九節）——『每一個公民底住屋，除了在法律所規定之形式之外，是不能被侵入的。』（第一章第三節）等等。——所以，憲法到處指出了未來的根本法；這些根本法的目的，是在於詳細發揮這些註解，並且如此地調整這些無限制的自由底享用，使其不致互相衝突，也不與公共安全相衝突。後來，這種根本法爲秩序之友所製出了，他們把所有自由作了如此的調整，使得資產階級之享受這些自由，不會受到其他階級底同一權利之任何障礙。在資產階級完全禁止『他人』享受這些自由，或容許『他人』於一定的條件下（這些條件每一個全都是警察的陷阱）享受這些自由之場合，這也都是完全爲着『公共的安全』，即資產階級的安全，如憲法所規定的。結果，以後兩方面都有完全的權利訴諸憲法，一方面是要把這些自由撤廢的秩序之友，另一方面是要求恢復這一切自由的民主主義者。憲法底每一節，本身都包含有自己底對立物，它有自己的上院和下院，有一般詞句上之自由，和在註解中之撤廢的自由。所以，當自由底名義是被尊重並只是阻止其眞正實行（當然是在合法基礎上的）之時，那末，自由在憲法上的存在，就依然是完好的、不受侵害的、不管對其日常的存在已給以如何致命的打擊。

用這麼巧妙的方法，使這個憲法成爲不可侵害的。可是，這樣的憲法，如同阿基利（Achilles）一樣，却有一個致命之點，這一點不在踵而在頭，或者不如說是在兩個頭（正在這上面，他遭受了敗亡），一個是立法會議；另一個方面是大總統。你們把憲法看一遍，就可以看到，只有規定大總統對於立法議會關係的那幾節是絕對的、正面的、沒有矛盾的、不能被曲解的。在這上面，資產階級的共和主義者所關心的，正是保證自己的安全。憲法第四十五節至第七十節，是這樣規定的，就是：國民會議能夠以合乎憲法的辦法來摒除大總統，而大總統要摒除國民會議，却只能用違背憲法的辦法，即只有摒除憲法的本身。這樣，國民會議就要求着以暴力來消滅自己。憲法不只如一八三〇年的憲章那樣，把分權當作神聖，而且使這種分權，達到一種紛亂不堪的矛盾。立法權與行政權在議會內的鬥爭（基佐（Guizot）稱之爲憲法力量之賭博），根據一八四八年的憲法，卻總以孤注一擲的方式來進行的。在一方面，是七百五十位人民代表，他們是由普選來選出，並且享有重選連任的權利的；他們構成了一個不受統制的、不能解散的、不能分割的國民會議，這個國民會議握有立法的全權，握有對宣戰、媾和和商約作最後決定的權利，單獨握有大赦的權利，而且，由於它的會議的不間斷性，它總是站在政治舞台底前面。在另一方面是大總統，他具有君主權力底一切屬性，他有權不問國民會議而任命和罷免他的內閣閣員，他把行政權底一切手段都歸爲於自己的掌握中，它可以任命一切官職，因此，在法國至少有一百五十萬人底命運（因依靠五十萬的官吏與各級將領過日子的人在一百五十萬人以上）是爲他所左右的。他指揮全國的武裝力量。他享有特權可以赦免個別的罪犯，可以解散國民警衛軍的部隊，並經樞密院之同意可以解散由公民自己所選出的一般縣市的參議會。與外國訂立條約之主動權和選擇權也是歸他所有的。國民會議永是在舞台上演出，一舉一動都要爲全國所知，並要受世俗之批評，而大總統卻在雅正宮（在巴黎——譯者）的園地上度其衆目所不睹的生活，而憲法第四十五條卻每天在他的眼前、在他的心中提醒着：『兄弟，你準備死呀！』你的權力，在你選出之後第四年的美麗五月的第二個星期日，就要終止了！你的榮華就要完結了，這一曲，將不會再奏了，如果你負有債務，你就要及時以憲法所給予你的六十萬法郎薪俸去償付，不然你就要在可愛的五月的第二個星期日進入克利喜（ Clichy ）！⑲——這樣，如果憲法把事實上的權力賦予大總統，那末，它却設法將精神上的權力保證歸國民會議所有。可是，姑不用說法律的條文，不可能創造出一個精神上的權力來，就是在這上面，憲法也是自己否定自己，因它規定了大總統由全體法國人直接投票選出。分散於七百五十位國民會議議員中間的法國國民投票，在這裏相反地是集中於一個人。如果個別人民代表，只代表某一個政黨、某一個城市、某一地點的話，或者甚至簡單的是沒有特別注意於代表人選與選擧本身，而只是必要在七百五十人中任意選擧一個的話，那末，大總統却是被全國所選的人，而對於他的選擧，則只是擁有主權的人民所每四年實行一次的決勝牌。選出來的國民會議對於國民之關係，是形而上的關係，而選擧出來的大總統對於國民之關係，却是人身的關係。國民會議在其個別代表中，的確表現了國民精神底複雜的各個方面，而大總統則是國民精神底化身。與國民會議相較，大總統好似是神聖權利底擁有者；他是人民恩寵所立的大總統。

海的女神西提斯（ Thetis ）對阿基利預言他將死於青春時代。憲法像阿基利一樣有致命之點，也像阿基利一樣有夭折之預感。制定憲法的純粹共和主義者，只要從他們的理想共和國底雲間，往下看一看塵世（這用不着西提斯離開了海

⑲ 克利喜是巴黎的監禁欠債者的牢獄。——編者註

來告訴他們這個秘密），他們就足以看到：隨着他們偉大的立法藝術品之接近完成的程度，皇黨、波拿巴派、民主主義者、共產主義者底陰謀，以及他們自己的喪失信用，也日增一日。他們企圖以憲法的詭計，以憲法的第一百一十一條來欺騙命運，根據憲法的這第一百一十一條之規定，**憲法修改**之動議，必須經過三次連續的討論（連續討論三次，總是要佔一個整月的時間），必須得到四分之三的投票贊成，而且投票的國民會議議員必須在五百人以上，才得成立。可是所有這些，都只是他們在自己將來成爲議會的少數派時（這種少數派的地位，他們心目中也已預料到了），繼續維持自己權力之無力的企圖。此種權力，當他們現在在議會中還佔多數，並且還握有政府權力底一切源泉時，就已經日益從他們的軟弱的手裏滑出去了。

最後，憲法在一節傳爲鄭重的條文中，把自己委託於『全法國人民與每一個法國人底警戒性和愛國心』。而在前面的另一節中，它卻把這種『警戒者』和『愛國者』委託於它所故意如此創設的高等法院底刑事審判了。

這就是一八四八年的憲法，這一憲法在一八五一年十二月二日被推翻了。可是它不是被人頭所撞倒，而只是被一頂帽子所碰倒。當然，這頂帽子是三個角的拿破崙帽。

當資產階級的共和主義者在國民會議中忙於推敲、討論和表決這個憲法時，在國民會議之外，卡凡涅克却已使**巴黎**陷於**戒嚴狀態**。巴黎戒嚴狀態，是共和國生產陣痛中的立憲會議的產婆，如果後來憲法被刺刀所葬送，那末不要忘記，當它在搖籃的時候，劍刀，用來反對人民的劍刀，是保護了它的，而且在其產生的時候，也是得到劍刀的幫助的。『正直的共和主義者』底先輩們，曾帶着他們的象徵——三色旗，遊歷全歐洲。現在輪到正直共和主義者本身了。他們製出了一種發明，這種發明自己遊歷了全歐洲，但它卻總是抱着難以斷絕的愛情回到法國來，直到現在它已風行於大半省區中。這一發明，就是**戒嚴狀態**。它是一件極出色的發明，在法國革命的進程中，每際危機之際，週期地使用它。但，兵營和露營，週期地籠罩於法國社會底頭上，壓榨其頭腦，迫使其沉靜；長刀和利劍，週期地執行裁判與行政，監督與檢查、警察與更夫底任務；鬍子和軍服，週期地自吹為社會底最高智慧與社會底主人——此等兵營和露營、長刀和利劍、鬍子和軍服，它們豈不是終於一定要發生這樣的一個念頭，即：它們與其這樣，還不如宣布自己的統治為最高統治，並解除資產階級社會因管理自己所發生的一切麻煩，一舉就拯救了社會。兵營和露營、長刀和利劍、鬍子和軍服，也一定要發生這樣的念頭：它們有權要求更多的現金報酬，來報答它們更高的功勞。但當它是在實行週期的戒嚴狀態，以及受着某一資產階級政派底命令，而暫時拯救社會之時，它們所得到的，除了若干的死傷與若干的資產者的笑臉之外，很少實質的利益。為什麼最後軍隊不會根據其自身的利益，為着其自己的利益而舉行戒嚴，並且同時包圍資產階級的交易所呢？此外還不應忘記(順便提及這點)，在卡芬涅克手下做軍事委員會底委員長並曾將一萬五千個參加六月起義的人未經審判而放逐出境的貝拉納（Bernard）上校，在這個時候，又當起在巴黎活動的軍事委員會底首領了。

如果，正直的純粹的共和主義者，宣布了巴黎的戒嚴狀態因而創設了往後一八五一年十二月二日的近衞隊●所由胚長的苗床，那末在另一方面，不能不承認，他們現在不像在路易・菲立普統治時代那樣誇張民族感情，他們現在，當着已握有國內權力的時候，也就俯首於國外列強之前，他們不但不解放意大利，而且反幫助奧大利和那不勒斯人重新征服意大利。路易・波拿巴在一八四八年十二月十日之被選為大總統，結束了卡芬雅克與國民會議底獨裁。

憲法第四十四條說：『法蘭西共和國底大總統，決不是曾經喪失過法國公民資格的人。』法蘭西共和國底第一任大總統路易・波拿巴，不只曾經喪失過法國公民的資格，不只當過英國的特別警察，而且甚至是一個歸化的瑞士人。

我在另一個地方，説明了十二月十日的選舉底意義。我在這裏不再論及。在這裏，只要指出下面這一點就夠了，即是：十二月十日的選舉是農民（他們是應當付二月革命底代價的）對於國內其他階級的反響，是農村對於城市的反響。這次選舉，在軍隊中受到了巨大的歡迎，因『國民報』派的共和

● Praetorianer（近衞兵）是古代羅馬任何將軍或皇帝底私人衞兵；這種衞兵是由他給餉，並賜與各種特權的。[illegible]的墮落的近衞兵，在各種各樣的宮廷變革中時常起很大的作用。馬克思在這裏所指示的是『十二月十日社』（Gesellschaft Vom 10 Dezember）路易・波拿巴底近衞隊。——譯者註

主義者，對於軍隊是並沒有給以何等薪餉或軍餉的增加的；這選舉也得到大資產階級之歡迎，因大資產階級是把波拿巴視為到達君主政治之橋樑來歡迎的；這選舉也得到無產階級與小資產階級之歡迎，因無產階級與小資產階級是把波拿巴視為對於卡凡涅克之懲罰來歡迎的。我在後面有機會更詳細的討論農民與法國革命之關係。

從一八四八年十二月二十日㊀到一八四九年五月立憲會議被解散時止的這個時期，包含着資產階級共和主義者底沒落的歷史。他們已為資產階級建立了一個共和國，已把革命的無產階級逐出了戰場，並已使小資產階級暫時閉起口來，這樣之後，他們自己就被資產階級羣所驅除；這種資產階級羣很有正當的理由，把這共和國據為自己的財產。可是，這種資產階級羣卻是保皇派的。其一部份是大土地所有者，他們在復辟王朝時代是握有統治權的，所以稱為正統派㊁。另一部份是金融貴族與大工業家，他們在七月王朝時代是掌握統治權的，所以稱為奧爾良派。軍隊裏的、大學裏的、教會

---

㊀ 一八四八年十二月二十日，路易·波拿巴任命奧狄隆·巴洛為他的第一任內閣總理。——編者註

㊁ 復辟王朝時代（Restaurationzeit），是從拿破崙第一倒台（一八一四年）至一八三〇年七月革命止這個時期，在那時，曾被法國革命所推翻的波旁王朝重又執政，這個王朝底擁護者，代表着大地主所有者的利益，自稱為正統派（他們視波旁王朝為唯一的政府）。奧爾良派是奧爾良王朝的擁護者，代表着銀行家、金融貴族底利益，在一八三〇年七月革命之後握到政權。——編者註

裏的、律師界的、學院裏的和報界的大人物，不是屬於正統派就是屬於奧爾良派；雖其所佔比例有所不同。這兩派，就把資產階級的共和國當作它們能夠共同統治的國家形式，而這一共和國是既不帶波旁(Bourbon)底名稱，也不帶奧爾良(Orleans)底名稱，而卻是帶着本底名稱的。六月起義，已把這兩派團結成爲『秩序黨』了。現在所要做的，第一是把那在國民會議中尚佔支配地位的資產階級共和主義者派能排斥出去，正如這些純粹共和主義者，對於人民是如此殘暴地濫用權力，同樣的，他們現在爲要保持他們的共和主義和他們的立法權力，而與行政權力和保皇黨相對抗時，也是如此怯懦地、薄弱地、消沉地、沮喪地、無戰鬥力地退却。我在這裏用不着敍述其解體的可恥的歷史。他們並不是被殲滅，他們是自行消失了。他們的歷史，是如此完了，在往後的時期中，不論在會議內或在會議外，他們是只被當作一種回憶了——這種回憶，每當共和國的這個單純的名稱重新又成爲問題之時，以及每當革命鬥爭要沉淪至最低水準之時，就重新好像又活現起來了。這裏順便地指明，這個黨派名稱之所由來的這種刊物，『國民報』，在往後的時期，轉到社會主義方面了。

在未結束這一時期之前，我們還需要回顧一下兩種權力，這兩個權力，從一八四八年十二月十日起至立憲會議底終結爲止，是實行同居的，而自一八五一年十二月二日起，則其中一個消滅了另外的一個。我們所指的這兩個權力，一方面是路易·波拿巴；另一方面是聯合保皇黨、秩序黨、大資產階級黨。波拿巴就職爲大總統時，他組織了一個以奧狄龍·巴洛(Odilon Barrot)爲首的秩序黨內閣。注意，巴洛是議會主義資產階級底最自由主義政派底老首領。自一八三〇年以來，內閣底幽靈就縈擾着巴洛，而他終於取得了內閣位子；而且是內閣總理的位子。可是，這時並非如他在路易·斐立普統治下所曾想像的那樣，以議會的反對派底最前進首領之資格出任內閣，而是担負着殺死議會之任務，並以他的所有大敵(即耶蘇教派與正統派)的同謀者之姿態，出任內閣。他把新娘帶到家中，但只是在她成爲一個妓女之後。波拿巴，好像是完全隱沒了自己。秩序黨代他來行動了。

內閣第一次會議，立即決議向羅馬遠征，他們決定瞞着國民會議來進行，並且以虛偽的口實從國民會議取得遠征所需的費用。這樣，他們就開始欺騙着國民會議，而秘密與外國的專制權力，陰謀勾結來對付革命的羅馬共和國。波拿巴以同樣的方法、同樣的技術，準備其十二月二日的政變，推翻保皇黨的立法會議及其立憲共和政府。我們不要忘記，在一八四八年十二月二十日組成波拿巴內閣的那個政黨，就是在一八五一年十二月二日構成立法國民會議中多數派的那一政黨。

在八月，立憲會議決定只在它已經制成並公布許多根本法以補充憲法之後，方才解散。在一八四九年一月六日，秩序黨叫一個議員名拉圖（Rateau）者，向國民會議提出動議，不要從事於制定根本法，而要決定解散自己。不僅以巴洛爲首的內閣，而且國民會議底全體保皇黨議員，都盛氣凌人地告訴國民會議，說在這個時候，爲要恢復信用，爲要鞏固秩序，爲要終止不確定的過渡狀態，而建立確定的狀態，國民會議之解散是必要的；說國民會議妨害了新政府底有效的工作，說國民會議之企圖延長其存在，只是出於惡意；說全國已厭惡國民會議。波拿巴對於這一切攻擊立法權力的話，全部注意，暗記在心，而於一八五一年十二月二日，向議會的保皇派證明，他從他們那裏學得了好些東西。他重複他們自己的口號，來反對他們自己。

巴洛內閣與秩序黨往前更進了一步。他們在全法國發動對於國民會議的請願，在請願書中很客氣地請國民會議取消自己。他們就這樣地引導無組織的人民大衆去反對民衆依照憲法而組織起來的表現——國民會議。他們教導了波拿巴不必訴諸議會而訴諸民衆。最後，在一月二十九日，立憲會議議決解散自己的日子，已經到來了。在這一天，國民會議會場，被軍隊所佔領；一手掌握國民警衛軍與常備軍的最高指揮權之德加尼埃——秩序黨的將軍——在巴黎舉行了大閱兵，好像戰鬥是迫在眉睫似的，同時聯合保皇黨向國民會議恫嚇地聲明說，如果國民會議不自動投降，就將使用暴力。國民會議投降了，而只商得苟延一個很短的期間。一月二十九日，不就是像一八五一年十二月二日那樣的政變嗎？所不同的，只是前者由保皇黨協同波拿巴來實行以反對共和主義的國民會議罷了。保皇黨先生們沒有注意到或不願注意到，波拿巴正是利用一八四九年一月二十九日來使一部份軍隊在推勒里王宮前面由他來檢閱，他急切地抓住這個最初一次公然號召軍隊力量反對議會力量的事實，來仿效加力果拉（Caligula）。㊉ 他們（指保皇黨先生們）當然是只看見他們的盧加尼埃。

特別推動秩序黨使用暴力去縮短立憲會議生命的一個動機，是在於補充憲法的那些根本法：如教育法、宗教法等等。聯合保皇黨定要自己制定這些根本法，而不讓那些形跡可疑的共和主義者來制定它們；這對於聯合保皇黨是極重要的。可是，在這些根本法中，還有一個關於共和國大總統底責任的法律。在一八五一年，當立法議會方從事於制定這一法律時，波拿巴就先以十二月二日底打擊，來預防這一打擊。在一八五一年冬季的議會鬥爭中，當聯合保皇黨要制定這一法律的時候，他們已經發現有一個現成的總統責任法，而這一法律正是由形跡可疑的、可惡的共和主義議會所制成的呵！

在立憲會議於一八四九年一月二十九日自己破壞了自己的最後武器之後，巴洛內閣及其秩序黨的朋友們，就動手加以迫死，他們用盡各種各樣的方法來加以凌辱，乘其自己絕望的衰弱之境來榨出一些法律，這些法律使得立憲會議喪失了民衆對它尊敬底最後的殘餘。而沉溺於其固定的拿破崙觀念之波拿巴，則以充分的勇氣來公然利用議會權力底這種失

---

㊉ 加力果拉是羅馬帝國的第三屆皇帝（三七年至四一年）。他是一個狂暴的專制君主，由軍隊擁立爲帝。他任命他的馬爲元老院議員，以辱元老院——元老院是共和主義羅馬制度底遺影。

——編者註

際狀況。當一八四九年五月八日，國民會議因爲烏提諾(Ordinot)佔領契維塔·味克基阿(CivitaVecchia)而通過彈劾內閣的決定，並命令以後應使羅馬遠征回守原來的目標之時，波拿巴卻在同日的晚間，於『顧問報』(Moniteur)上，發表他致烏提諾的信，在這封信中，他慶賀烏提諾底英勇的行動，而以軍隊底寬大的保護者自居，以與舞筆弄墨的議員相對立。保皇黨對於此事竊笑着他們把他當作只是他們的傀儡。最後，當立憲會議議長馬拉偶一懷疑國民會議底安全，而根據憲法徵調一個上校率領其一團兵來保護國民會議之時，那個上校就以軍紀爲藉口而加以拒絕，他叫馬拉往求價加尼埃，而價加尼埃也拒絕了馬拉，並譏辱地說，他並不喜歡『知識份子的刺刀』(Baionttes intelligentes)。在一八五一年十一月，當聯合保皇黨想要開始與波拿巴決戰時，他們企圖在其有名的議會保護者法案(Quastorenbill)①中實現國民會議議長直接徵調軍隊之原則。他們的將軍之一，勒佛羅(Leflo)，署名於這個法案。價加尼埃投票贊成這個法案，而替亥爾對於以往的立憲會議底遠見表示敬意，可是這都是徒然。陸軍總長聖阿諾(Saint-Arnaud)像價加尼埃回答馬拉一樣地回答他——而他的回答則得到了山岳黨的大聲鼓掌。

① Quastoren是指國民會議中負責保管財政及保衛國民會議底安全的議員們。勒佛羅將軍和巴茲(Baze)將軍提出一個法案，委託國民會議議長保護國民會議底安全，爲要保護國民會議底安全，他有權徵調軍隊。這議會保護者法案於一八五一年十一月十七日爲四〇三票對三〇〇票的多數所否決。——編者註

這樣，當秩序黨還不是國民會議而只是內閣的時候，它自己就污辱了議會制度。而當一八五一年十二月二日的政變把議會制度逐出法國之時，它卻高聲叫喊起來了。

我們祝它一路平安。

## 3㊟

一八四九年五月二十九日，國民立法會議開會。一八五一年十二月二日，它被強制解散。這一個時期，包括着立憲的或議會的共和國底存在時期。

（它又分爲三個主要時期：一八四九年五月二十九日至一八四九年六月十三日，民主主義與資產階級之鬥爭，小資產階級底或民主主義底黨派之失敗；一八四九年六月十三日至一八五〇年五月三十一日，資產階級底議會的獨裁，這即是說，與爾良派與正統派的聯合或秩序黨底議會的獨裁，這獨裁以普選制度底廢止來完成；一八五〇年五月三十一日至

---

㊟ 本章包括一八四九年五月二十九日至六月十三日的時期。詳述立憲共和國與國民立法會議底第一階段之經過：小資產階級與資產階級鬥爭，與波拿巴鬥爭，六月十三日之示威，小資產階級民主主義者被打敗。——譯者註

一八五一年十二月二日，資產階級與波拿巴之鬥爭，資產階級的統治之傾覆，立憲的或議會的共和國之顛覆〕。●

在第一次法國革命中，隨立憲黨底統治之後，有吉倫特黨（Girondins）底統治，而隨於吉倫特黨底統治之後，則有甲可賓黨底統治。這些政黨，每個都靠着較進步的政黨之支持，當該一政黨已經領導革命如此之遠，使它已經不能再跟革命前進，更說不上領導革命的時候，它就被站在它後面的更大胆的同盟者推於一旁，而送上斷頭台去。革命就這樣地沿着上升綫而運動着。

一八四八年的革命，就恰相反，無產階級底政黨，成爲小資產階級的民主黨底附屬物。在四月十六日、五月十五日和六月事變時，無產階級的政黨被小資產階級的民主黨所出賣和拋棄。民主黨自己則依着資產階級的共和黨底肩膀。可是當資產階級的共和黨一黨自己的地位已很鞏固時，就立卽把這怪麻煩的同志抖下來，而自己則依着秩序黨底肩膀上。但秩序黨也聳着肩，使資產階級的共和主義者跌下來，而自己卻投身於武裝權力底肩膊上，它還繼續以爲是坐於武裝權力底肩膊上，可是在一個美好的早晨，覺察到肩膊已經變成了刺刀。每個政黨都從背後打擊那較向前進的政黨，而從前面依靠那向後倒退的政黨。並不奇怪的，它們在這種可笑的姿態中喪失其平衡，於是裝着不可避免的怪臉，作出可怪的跳躍而跌倒下來。革命就這樣地沿着下降綫而運動着。在二

● 還一段，在德文第三版中，被刪去。——譯者註

月革命的最後防壘還沒有除去而革命的最初政權還沒有組成以前，革命就已進入這種後退的運動狀態了。

擺在我們面前的這個時期，包含着極顯著矛盾的最駁雜的混合物：公然組織反憲法叛亂之立憲派，忠誠擁護立憲之革命派，想要變成全能的，可是總還不過是議會之國民會議；以忍耐爲事並以預言未來勝利來抵擋現在失敗之山岳黨；成爲共和國底元老院議員(Patres Conscripti)⊕迫於形勢，在國外不得不支持他們所追隨的互相敵對的王室，而在法國不得不支持他們所憎惡的共和國之保皇黨；在自己的弱點看出自己的力量，並在自己招來的輕蔑看出自己的威信之行政權力；不過是兩個王朝（復辟王朝與七月王朝）底最醜惡方面的結合而且貼着帝國的標識之共和國；——以分離爲其第一條款之結合；以不解決爲第一法則之鬥爭；以和平爲名而進行的狂亂的、無內容的騷動；以革命爲名而進行的最尊嚴的、和平的說教；沒有眞理之熱情，沒有熱情之眞理；沒有英雄行爲之英雄，沒有事變之歷史；好像日曆爲唯一原動力，並且厭倦於同一緊張和鬆弛狀態的不斷反復的那種發展；週期地達到頂點，但好像又不能獲得解決而就鬆懈衰竭下來的那些對立；大吹大擂的努力，與對於世界滅亡危險之資產階級的恐怖，同時還有世界救世主所上演的極小的奸謀與宮廷的喜劇，這些世界救主底一切聽其自然的態度，不見得是使我們

⊕ 在古代的羅馬，第一個元老院議員向元老院演說時，都以Patres Conscripti這個稱呼開始。——編者註

想起世界最後的審判日子，而卻是使我們想起弗侖特黨的時代①——法蘭西的公認的綜合的天才，被一個個人底狡猾的愚昧化爲烏有；民族底集合的意志，每當經過普選權而想要在攀緣利益的頑固敵人底身上找得其適當的表現時，最後總是表現於某一個頑張底自我意志上。如果歷史有任何一頁是寫得灰色又灰色，那末它就是這一頁。人和事變成爲顚倒的斯雷密爾（Schlemihl），②成爲喪失肉體之陰影。革命自己麻痺自己底執行者，但卻以熱情的強力給予自己的敵人。當反革命派所不絕召來和驅去的『赤色巨影』，終於出現的時候，它不是頭戴無政府主義底夫利基阿帽（Phrygiermuetze），而是身穿秩序底制服、赤色底短褲。

我們已看到了波拿巴在一八四八年十二月二十日他就職之日所任命的內閣，是秩序黨的內閣，是正統派與奧爾良派聯合的內閣。這個巴洛——法盧內閣，多多少少暴力地縮短了共和主義的立憲會議底壽命；它在立憲會議已經死亡之後，還當了權。聯合保皇黨底將軍蕭加尼埃，還繼續兼掌陸軍第一

① 法國弗倫特黨（Fronde）時代（一六四八年至一六五三年）是路易第十四尚未成年而由奧大利安娜之攝政時期。這個時期底特徵，是所謂議會的弗倫特黨與弗倫特派王侯之反對黨運動。這個運動，以反對國王底專制權力爲目標，是極無力的、微小的和不堅決的。——編者註

② 斯雷密爾，是沙密索（Chamisso）所著的『彼得·斯雷密爾』（Peter Schlemihl）這篇詩底主人翁。他把他的影子賣掉，而得到了很多的金錢，他跑遍全世界，去尋找他底影子。——編者註

師團和巴黎國民警衛軍底總司令的權力。最後，總選舉確保了秩序黨在國民會議中佔極大多數。在國民會議中，路易·斐立普底下議院議員和上議院議員，遇到了正統派的神聖的一羣，對於這羣人，國民底無數的選舉票，轉成爲進入政治舞台的入場券。波拿巴派的議員，人數太少，不足以構成一個獨立的議會黨。他們只成爲秩序黨底不良的附屬物（Mauvaise Queue）。秩序黨就這樣掌握了政府權力、軍隊和立法機關，簡言之，掌握了全部國家政權，而總選舉（它使得其統治看來好像是出乎人民底意志）與反革命在整個歐洲大陸的同時勝利，則在精神上加強了它。⑪

從來沒有一個政黨像它那樣在開始其鬥爭時，就有這樣強大的資材與這樣良好的朕兆的。

已經破毀了的純粹共和主義者，在國民會議中減少成爲一個大約只有五十人的朋黨，以非洲底將軍們卡凡涅克、拉摩利西埃爾（Lamoriciere）和培都（Bedau）爲首。可是，大的反對黨是山岳黨。社會民主黨就以此爲自己在議會中的名稱，在國民會議底七百五十席中，山岳黨左右了二百席以上，所以，山岳黨之力量，至少與秩序黨三派之任何單獨一派相等。它與全體聯合保皇黨相比較的相對的少數，好像是爲特殊的情況所抵消了。不僅各省區的選舉，表示了山岳黨在農村居民中獲得了很多的信從者，差不多全部的巴黎底

⑪ 在這一時期，意大利、匈牙利、德意志境內的革命，幾乎全遭受到失敗。在南德意志最後的起義（一八四九年七月與八月）也歸於失敗。——編者註

議員，都是屬於山岳黨；軍隊之選出三個下級軍官，也表現了軍隊對於民主主義之信仰，而山岳黨底首領賴特律·洛蘭，與秩序黨一切議員相異，是經五個省區當選而被抬上議員底地位的。這樣，在保皇黨自己內部以及在整個秩序黨與波拿巴中間的不可避免的衝突之下，山岳黨在一八四九年五月二十九日好像是握有一切成功之要素似的。可是半個月以後，它喪失了一切，連聲譽也一併喪失掉了。

在我們繼續敘述議會底歷史以前，爲着避免關於我們所說這個時期整個性質之通常誤解起見，需要作幾點說明。在民主主義者底觀點上，國民立法會議時期之問題，與立憲會議時期之問題是相同的。即是：共和主義者與保皇派之間的單純的鬥爭。對於他們，運動本身被歸結於『反動』的一個字；在夜間，一切貓都是灰色的，那時他們可以滔滔不絕地歌詠他們底老生常談。自然，初看起來，秩序黨是許多不同的保皇黨流派的混合體，這些流派，不僅是互相施行反對對方的陰謀，以圖獲得自己底王位覬覦者，能夠奪得王位，而排除掉對方底覬覦王位者。不僅如此，它們還在共同的對於『共和國』之仇視以及共同的對於『共和國』的鬥爭中，一同聯合起來。山岳黨一方面與這種保皇黨底陰謀者相反，好像是『共和國』底代表者。秩序黨好像永遠是從事於『反動』，恰如在普魯士一樣，向出版、結社自由等等進攻，而且，也如在普魯士一樣，還以官僚機關、憲兵和法庭之横暴的警察的干涉來加以執行。山岳黨這一方面，又像一百五十年以來每個所謂人民黨所多多少少地實行的那樣，也總是如此不斷地從事於抵抗這種攻擊，而擁護『永久的人權』。可是，更仔細地分析情況與各個政黨之時，那個遮蔽階級鬥爭和遮蔽這個時期底特有容貌的虛浮的外觀就消失了。

我們已經說過，正統派和奧爾良派構成了秩序黨底二大流派。什麼東西使這兩大流派繫附於它們底王位覬覦者並使它們互相分離的呢？難道只是百合與三色旗，波旁王室與奧爾良王室，保皇主義底不同的色彩或是一般的保皇主義底不同信仰嗎？在波旁治下，大地主協同其僧侶和僕從掌握了統治權；在奧爾良治下，金融貴族、大工業、大商業，即資本，協同其隨從者——律師、教授和演說家，掌握了統治權。正統派底帝制，只是地主底世襲統治的政治表現，正如七月的帝制只是資產階級暴發戶底篡奪統治底政治表現。所以，使這兩派分離的，並不是所謂原則，而是它們底物質存在條件，兩種不同的財產形式，城市與農村之舊的對立，資本與土地財產之敵對。同時，舊的記憶、個人底仇怨、恐懼和希望、偏見和幻想、同情和反感、信念、信仰、象徵和原則，把它們與這一王室或另一王室聯結在一起，這點誰能否認呢？在不同的財產形式上，在社會底存在條件上，聳立着不同的和特有的感情、幻想、思考方法和人生觀的整個上層建築。所有這些，是由整個階級，從其物質的基礎並從其相適應的社會關係來創造和形成的。從傳統和教育中獲得上述這些的個別的個人，能夠想像，以為上述這些構成了它底行為底真實動機和出發點。如果奧爾良派和正統派，每一流派企圖使它自己和別人相信，以為使它分離開來的，是它們對於兩王王室之忠誠。可是後來事實所證明的，恰却是它們利益的分離，阻止了這兩個王室底結合。正如在私人底生活中，我們把一個人關於他自己想些什麼和說些什麼，與他實際是個怎樣的人和做什麼事區別開來。同樣的，我們在歷史的鬥爭中，必須要把各個黨派底空話和幻想，與其真實的組織及其眞實的利益區別開來，把它們關於自己的表像與它們底眞實本性區別開來。奧爾良派和正統派同處於共和國中，有着同等的意圖。如果雙方中每一方反對另一方而要實行它自家底王室底復辟，那末這只是指出，分裂資產階級底兩大利益——土地財產與資本——各想企圖恢復它自己利益的優越地位而使他方利益處於服從地位。我們所以說兩大資產階級底兩大利益，是因為大土地財產，雖有封建的獻媚和種族的自傲，可是現代社會底發展，已使它完全資產階級化了。英國底託利黨（Tories），❶就這樣地想像了好久，以為他們是熱愛於君主政治、教會和英國舊憲法底美好，可是一到危險之日，他們就迫得承認，他們只是熱愛於地租而已。

聯合保皇派，在報紙上、在埃姆斯（Ems）、❷在克雷爾蒙特(Claremont)、❸在議會之外，互相進行反對對方之

---

❶ 託利黨是英國保守黨底前身，代表着大地主底利益。
——編者註

❷ 埃姆斯是波旁底覬覦王位者盛蓋爾伯爵（亨利第五）底住在地。
——編者註

❸克雷爾蒙特是路易·斐立普在二月革命之後逃亡英國而居住的地方。
——編者註

陰謀。在幕後，他們重又穿着他們舊的奧爾良派和正統派底僕役制服，而從事他們舊的比武。但在公開的舞台上，當扮演國家執政者的那樣主角，扮演一個大議會政黨的那樣角色的時候，他們以形式上的敬禮，遺送自己底王室，而無限期的延擱恢復君主政治的復辟。他們以秩序黨底姿態，即在一個社會的稱號之下而不在一個政治的稱號之下，作爲資產階級底世界秩序底代表者，而不是作爲巡遊的公主底騎士；作爲與其他階級相對立的資產者階級，而不是作爲與共和派相對立的保皇派，來從事於自己的與[illegible]的業務。他們以秩序黨底姿態，來統治社會底其他諸階級，因而比以前復辟時代或在七月王朝時代還要統治得更無限制和更嚴厲；這樣的統治，一般地說，只有在議會的共和國的形式之下才可能，因爲只有在這種形式之下，法國底資產階級兩大流派才能互相聯合，所以，才能把他們階級底統治放在日程上，而不是把資產階級底一個特權流派底統治放在日程上。可是，如果他們以秩序黨底姿態，侮辱共和國，表明他們對於共和國之憎惡，那末這不僅是由於君主主義底記憶。本能教導[illegible]：共和國確實完成了他們底政治統治，但同時也動搖着這一統治底社會基礎，因爲他們現在不得不和被奴役的諸階級面對面的直接鬥爭，他們已經沒有王冠可以隱蔽，已經沒有可能用他們相互間的次要鬥爭以及他們與王室間的次要鬥爭來轉移全國底注意。他們感覺自己沒有力量，這個感覺，迫使他們從他們自己階級統治的純粹的條件之前退縮下來，而想復返於這種統治底較不完全的、較未發展的，因而危險較少的那種形式。反之每當聯合保皇派與波拿巴（這是和他們全體相敵對的覬覦王位者）發生衝突時，每當他們恐怕行政權力會危害他們的議會萬能時，也就是每當他們必須在前提出自己統治底政治頭銜時，他們就都以共和主義者底姿態出場，而不以保皇黨底姿態出場。這從奧爾良派梯亥爾起到正統派柏耶（Berryer）爲止，都是如此的；這位梯亥爾曾向國民會議說過關於共和國的問題，大家意見分歧最少；而那位柏耶則戴着三色帶，並以人民喉舌的姿態在一八五一年十二月二日用共和國名義向集合於第十區市政廳前面的民衆演說。當然，民衆報之以嘲笑的回聲道：亨利第五！亨利第五！

小資產階級與工人成立一個聯合，即所謂社會民主主義黨，以與資產階級的聯合相對抗。小資產階級看到了，在一八四八年六月事變之後，他們所得的報酬太少，他們物質的利益瀕於危險，而且担保這些利益實施之民主保障亦被反革命所危害。因此，他們就接近工人。在另一方面，他們底議會代表者，山岳黨，當資產階級共和派底獨裁時期，被排棄於一旁，而在立法會議底後半期中，由於對波拿巴以及保皇黨內閣之鬥爭，而從新獲得他們所喪失的聲望。他們與社會主義者領們締結了同盟。一八四九年二月，舉行慶祝和解的宴會。他們起草了共同的綱領，設立了共同的選舉委員會，提出了共同的候選人。從無產階級底社會要求上，剝去了革命的鋒利，而加上了民主主義的色彩；從小資產階級民主主義要求上，剝去了單純的政治形式，而加上了社會主義的色彩。社會民主主義就這樣產生。這個結合的結果——新山岳黨，其所包含的份子，除了幾個出身工人階級的配角以及幾個社會主義的宗派主義者之外，是和舊的山岳黨相同的。但在發展的過程中，它跟着它所代表的那個階級同樣變化了。社會民主主義底特有性質，表現於下面幾點：即，它之要求民主共和制度，並不是爲着把民主共和制度當做一種廢除兩極（資本和工資勞動）的一種手段，而是爲着把它當做緩和資本和工資勞動對立並使它們轉變成爲協調的一種手段。無論所提出的達到這個目標的各種方法是如何不同，無論其用以裝飾目標的多少革命的概念是如何繁多，其內容依然是一樣的。這個內容就是以民主主義的方法來變革社會，但這種變革，是限於小資產階級底界限之內的。人們不應作這樣狹隘的想像：以爲小資產階級是在原則上要實現一種利己的階級利益。其實，小資產階級相信，以爲它自己解放的特殊條件就是近代社會所能由之得到挽救，並且階級鬥爭所能由之獲得避免之一般條件。同樣的，不應想像，以爲民主主義底代表都是小商人或小商人底熱誠的戰士。依照他們的教育和他們個人地位來說，他們與小商人相隔有如天壤之別。使他們成爲小資產階級底代表的，就是下面的這個事實：即，他們的思想沒有越出那個小資產階級生活所沒有越出的界限，因此，他們在理論上所論到的任務和解決方法，就是小資產階級在實際上被物質利益和社會地位所引到的那種任務和解決的方法。一般地說來，一個階級底政治和理論代表者與他們所代表的那個階級的關係，就是這樣。

在上面的分析之後，可以清楚看到，山岳黨爲了共和國與所謂人權而不斷地與秩序黨鬥爭，這共和國或人權，都不是山岳黨底最後的目標。這正如一個軍隊，有人想要奪去他們底武器，這一軍隊[illegible]戰，以保衛自己，俾得保持其武器，但他們底武器也不是他們的最終目標一樣。

國民會議一開會，秩序黨立即就向山岳黨挑戰。資產階級現在感覺到有把民主主義小資產者了結之必要，正如他們在一年以前認識有把革命的無產階級解決之必要一樣。只是敵手底情況不同了。無產階級黨底力量是在街道上，而小資產階級黨的力量，則是在國民會議本身之內。所以，問題就是要在小資產階級還沒有時間和機會鞏固其在議會底權力之先，就誘他們跑出國民會議而到街頭上來，使他們自己打碎他們的議會的力量。山岳黨一溜煙地進了陷阱。

法國軍隊之炮擊羅馬，是投給山岳黨的一塊好餌。炮轟羅馬，是違犯了憲法第五節的：憲法第五條，禁止法蘭西共和國使用兵力去侵害他國國民底自由。此外，憲法第四條還禁止行政權而未得國民會議同意而宣布戰爭，並且立憲會議在五月八日也已譴責了羅馬的遠征。根據這些理由，勒特路・盧蘭於一八四九年六月十一日就提出對波拿巴及其內閣的彈劾案。被梯亥爾[illegible]所激怒的勒特路・盧蘭，甚至於恐嚇地說他將用一切手段甚至使用武力來保衛憲法。山岳黨團結得如像一個人那樣地站立起來，再重復了這個拿起武器之號召。六月十二日，國民會議否決了彈劾案，山岳黨就退出了議場。六月十三日事變，是大家所周知的：山岳黨底一部份，發表了一個宣言，宣布波拿巴及其內閣是『在憲法之外』；民主派底國民警衛軍，沒有拿武器，舉行示威巡行，他們與襄加尼埃底軍隊衝突而被其衝散等等。山岳黨底一部份逃亡國外；另一部份被部爾日（Bourges）底高等法院所傳訊，而山岳黨餘下來的議員則被議會底規例置於國民會議議長底學校教師式的監督之下。巴黎又宣布戒嚴，巴黎國民警衛軍裏面的民主派的一部份被解散。山岳黨在國會中的勢力以及小資產階級在巴黎底力量，就這樣的被粉碎了。

里昂曾經在六月十三日發出了流血的工人起義的信號；它與其周圍的五個省區，一同宣布戒嚴，這種戒嚴狀態一直繼續到現在。

山岳黨底最大多數，委棄了它的先鋒隊，而拒絕署名於它的宣言上。報紙也叛離了，只有兩種刊物敢登載它的宣言。小資產者出賣了他們的代表，因爲國民警衛軍或者是置身事外，或者是出來參加，而阻止市街戰防壘的堆築。代表欺騙了小資產者，因爲他們所說的軍隊中底同盟者，到處不見蹤影。最後，民主黨不但沒有從無產階級去求得助力，卻反把自己底懦弱性傳染給無產階級；並且在民主黨人底大行動中，常是如下那樣：即，領袖滿足於能夠責備他們『民衆』之離叛，而民衆則滿足於能夠責備他們領袖之欺罔。

山岳黨大吹大擂地宣告他們行將出陣應戰，宣傳比這還要喧鬧的事情，是很少有的；事先就大吹特吹民主主義必然獲得勝利，吹得比這還要有把握和還早的事件，也是很少見的。無疑的，民主黨人相信大喇叭底力量，因爲大喇叭一吹，耶利哥（Jericho）底城牆就會被吹倒了。當他們每次站在專制主義底壁壘之前的時候，他們就企圖仿效這個奇蹟。如果山岳黨想要在議會中獲得勝利，他們就不應號召拿起武裝。如果他們在議會中號召了拿起武裝，他們在街頭上就不應採取會議式的行動。如果他們認眞打算舉行和平示威，那末，他們沒有預先看到政府要以武力來對付和平示威，這就是傻瓜。如果是打算要從事眞實的戰鬥，那末，戰鬥就一定要用武器，把武器放下，是很奇怪的思想。可是，事實是在於小資產者及其民主主義的代表們底革命威嚇，只是企圖把敵人嚇退罷了。當他們陷於進退維谷時，當他們已再沒有妥協餘地而不得不把他們底威嚇付之實行時，那時，他們糊裏糊塗地舉行，盡力避免採取那些能夠達到目的的手段，而急於尋取失敗之口實。一旦戰鬥行將開始，宣告戰鬥的震人耳聾的前奏就消失於憂鬱的呻吟中，演員不認眞扮演了，行動一敗塗地，正像一個滿裝汽體的汽球被人用針刺破一樣。

沒有一個政黨把自己的力量誇大得比民主黨更厲害，也沒有一個政黨在估計局勢上把自己愚弄得比民主黨更輕率。當軍隊有一部份投山岳黨的票時，山岳黨就確信軍隊會站在他們這邊起來暴動。理由何在 ？ 這理由，從軍隊底立場來看，只有一個意思，即革命家是袒護羅馬底兵士，而反對法國底兵士。在另一方面，一八四八年六月的往事，尙歷歷存在於人們記憶之中，這使得無產階級對於國民警衛軍深表憎惡，而秘密團體底首領對於民主黨領袖也徹底不信任。爲着消除這些矛盾，必須有重大的關於危險的共同利益。抽象的憲法條文之被破壞，並不能惹起這樣重大的共同利益。就民主黨人底斷言看來，難道憲法不是已經被人破壞了多次嗎？難道最流行的刊物不是已侮辱憲法爲反革命手中的措作嗎？民主黨人代表小資產階級，即是代表一個過渡的階級——在這過渡階級中，兩個階級底利益互相磨去其尖銳——所以他們以爲自己是超乎一般階級對立之上的。民主黨人承認，有一個特權階級與他們對立，但他們卻與國民底其餘一切的人一起構成爲人民。他們所代表的是人民底權利；他們所關心的是人民底利益。因此之故，當鬥爭迫近之際，他們用不着研究各個不同階級底利益與態度；他們用不着過分仔細考察他們自己的力量。他們只要發出信號，民衆就會以其所有的、無窮的力量，向壓迫者進攻。可是如果實際上顯示出他們底利益別人並不關心，他們的力量，是沒有力量。那末，這上面的過失或者在於有害的詭辯家，這些詭辯家把不可分的人民分裂成爲不同的敵對陣營，或者是在於軍隊太獸性和太盲目，不能在民主黨底純粹目的中理解到自己底利益，或者是由於在執行中的某一細目，而使全體歸於失敗，或者由於某一種意想不到的偶然事故，而使此次鬥爭挫敗。不論在任何場合，民主黨人從這個最可恥的失敗中跑出來時，也和他進入這個最可恥的失敗時一樣地沒有什麼汚點，而且他出來時帶着新獲得的信心，以爲他們一定會得到勝利，以爲不是他們自己以及他們的黨必須放棄舊的立場；而是相反地，情勢必須依照他的方向成熟起來。

因此，雖然山岳黨力量被削小，銳氣受挫折，並且被新的議院規則所侮辱，但我們不要以爲它已是太過不幸了。如果六月十三事變，除去了它的領袖，那末，在另一方面，這第二流的人物有了活動的場所，這新的地位使他們得意忘形。如果他們在議會中已經沒有力量的這一點，已是再也沒有懷疑的餘地，那末他們現在就有權把他們底行動限於發出道義的憤激與作出虛張聲勢的演說。如果秩序黨把他們革命的最後的正式代表，當作一切無政府主義恐怖之體現，那末他們在實際上就能夠更形平庸和更形退讓。而對於六月十三日的失敗，則他們以下面這句意味深長的話來自慰：『但如果他們敢攻擊普選制，嘿！那時，——那時我就將顯我們的顏色給他們看看！我們且看後來！』

至於那些逃亡於外國的山岳黨員，那末我們在這裏只要如此說就夠了：勒特路・盧蘭曾在不到半個月的時間中，把他所領導的強大政黨破壞得無法恢復，現在他却覺得自己負有組織一個虛無渺茫的法國政府之使命了；他以為隨着革命水準之下降，隨着官式法國底正式大人物之越發渺小，在遠方的、離開了舞台行動的他，却好像是增加了自己的偉大似的。他以為在一八五二年的選舉中，他可以出來成為共和國元首的覬覦者，而且他向瓦雷基阿（Wallachia）人民以及其他人民發出定期的通令，在這些通令上，曾經以自己和他底同盟者所將採取的行動，來恐嚇歐洲大陸底專制統治者們。當普魯東對這些先生們大聲說：『你們不是別的，只是牛皮大王』這句話的時候，普魯東難道完全不對麼？

在六月十三日，秩序黨不只是擊破了山岳黨，而且實現了使憲法服從於國民會議大多數決定底這一原則。秩序黨對於共和國的理解是這樣的：在共和國中，資產階級採取議會形式來統治；它沒有像君主國內那樣，有行政權力之否決權，或行政權力之解散議會權這一類的限制。根據綿亥爾底定義，議會制共和國就是這樣的。可是，如果資產階級於六月十三日在議會底房子內確立了它的無限權力，那末它把議會的最有人望的一部份排除出去，❸豈不是使得議會與行政權力及人民相較，陷於不可救治的無力狀態了嗎？在檢察官要求之下，它毫不為難地把許多議員交與法庭審判，這樣它就廢棄了其議會本身底不可侵犯性。它使山岳黨議員屈服於侮辱性的規則，❹這些規則就以同一程度，把每一個別人民代表壓低下去，把共和國底大總統抬高起來。它把那種為保護憲法而興起的暴動，咒罵為一種圖謀顛覆社會的無政府主義行為，這樣它就使得自己在行政權力侵犯憲法時沒有可能訴之於暴動。烏提諾將軍曾接受波拿巴底命令而炮轟羅馬，這一事件，曾成為六月十三日護憲起義底直接動機。可是秩序黨在一八五一年十二月二日卻鄭重地但無效果地向民眾抬出這一位烏提諾將軍來，作為保護憲法以與波拿巴對抗的將軍，這是如何的歷史的諷刺。另一位六月十三日的英雄，

❸ 在六月十三日事變之後，有四十位議員相繼受法庭審判。山岳黨有一些首領（勒特路·盧蘭、彼阿（Pyat）及其他）逃亡了，其他的被禁於監獄中。——編者註

❹ 為要節制共和主義的反對派之故，議會底多數通過了新的規則，限制了言論底自由，並規定議員須聽議長之指揮。現在議員可被驅出議會並被奪去薪俸了。——編者註

維拉（Vieyra）他曾帶領了國民警衛軍中屬於金融貴族的一隊，去搗毀民主派的報館，其行動篤殘暴，博得了國民會議講壇上的稱讚，這一位維拉，加入波拿巴底陰謀，而且他眞正地出了力，使得國民議會臨終之際不能得到國民警衛軍這一方面的任何幫助。

六月十三日尚有另一意義。山岳黨曾力求把波拿巴交法庭審判。山岳黨底失敗，因之是波拿巴底直接勝利，是波拿巴個人對於他底民主派敵人的勝利。秩序黨得到了勝利，而波拿巴則只是把這勝利寫在自己賬上。波拿巴就是這樣做了。在六月十四日，巴黎的牆壁上就貼着這樣的布告說，大總統好似並不願意，但爲事變所迫，不得不從他的僧院式的隱遁生活中出來，而以尚未被人承認的善人的口氣，嘆惜他的敵人對他底譭謗，他並且表面上把他自己與秩序底利害相等同，而實際上則是把秩序底利害與他自己個人相等同。此外，雖然國民會議追認了羅馬遠征，可是這一遠征底發動人却是波拿巴。在重新恢復祭司長撒母耳（Samuel）在樊蒂岡宮（Vatican）（羅馬教皇所住的宮——譯者註）中的權力之後，波拿巴就能夠希望像大衛王（King David）那樣跑進推勒里宮殿（Tuileries）。他已獲得了僧侶之擁護。

六月十三日的變故，如我們所已看見的，是限制於和平的遊行示威。所以，在反對這次變故的鬥爭中，是說不上什麼戰爭的月桂冠的。可是，在英雄和事變這樣貧乏的時代，秩序黨就把這個不流血的戰鬥，變成爲第二個奧斯特里茲（Austerlitz）。講壇和報紙，把軍隊與人民大衆相對比，說人民大眾是無政府狀態的勢力，而稱讚軍隊是秩序底力量，並且把盛加尼埃稱讚為『社會底堡壘』——這個神秘傳說，最後連他自己也信以為真了。可是，同時那些態度可疑的軍隊，卻被暗下調離巴黎，那些在投票中表現最有民主傾向的聯隊，從法國被流放到阿爾及爾（Algiers），而軍隊中的不穩份子，被送入懲罰隊，最後，報章與軍隊之間——兵營與資產階級社會之間有組織地被隔絕開來。

我們在這裏到達了法國國民警衛軍歷史上的決定的轉變點。在一八三〇年，國民警衛軍決定了復辟的命運。在路易·斐立普統治時代，如果國民警衛軍站在軍隊這方面，那末每次暴動，就都歸於失敗。在一八四八年二月事變中，當國民警衛軍對起義採取消極的態度，對路易·斐立普採取模稜兩可的態度時，路易·斐立普就自認失敗，而且確實失敗了。於是就根深蒂固地形成了這樣的一個信念，即：如果沒有國民警衛軍底同情，那末革命是不能勝利的；如果國民警衛軍反對軍隊自己，那末軍隊也是不能勝利的。這是軍隊對於資產階級萬能之迷信。一八四八年六月事變中，當國民警衛軍協同常備軍把起義鎮壓下去時，這迷信便更鞏固了。在波拿巴就任大總統之後，由於違反憲法地把國民警衛軍底指揮權與第一師團底指揮權統一在盛加尼埃一人之手，國民警衛軍底地位，就相當地降低了。

---

❶ 一八〇五年，在奧斯特里茲附近，拿破崙第一大勝俄奧聯軍。——編者註

正如國民警衛軍之指揮權在這裏表現是軍隊總司令一件附帶職權那樣，國民警衛軍也表現成爲常備軍的附屬物。最後，在六月十三日，國民警衛軍底力量，被打破了，這不僅是由於從這時候起國民警衛軍在法國全國各地一部份一部份週期地被解散，直至最後它只剩下了一點碎屑。六月十三日的示威遊行，首先是民主派底國民警衛軍底示威遊行。的確，他們不是拿着他們的武器，而是穿着他們的制服，去與軍隊相對抗；可是，護身符正是在於這種制服。軍隊自己確信了，這種制服也和其他制服一樣，是一塊毛布。魔力消失了。在一八四八年六月事變中，資產階級與小資產階級，聯合於國民警衛軍中以反對無產階級，在一八四九年六月十三日，大資產階級因軍隊之助而擊破了小資產階級底國民警衛軍；在一八五一年十二月二日，資產階級的國民警衛軍，自身也消滅了，當波拿巴後來簽署解散國民警衛軍命令時，他只是確認這一已成的事實而已。資產階級就這樣把自己毀壞了自己對抗軍隊的最後武器，而且，自從小資產階級不再作爲它背後的扈從，而作爲它面前的反叛者的時候起，它不能不加以毀壞了。一般的說，資產階級一當自己變成爲專制者，他總是親自毀壞自己對抗專制政治的一切防禦手段的。

在這時候，秩序黨慶祝政權之奪回，他們在一八四八年失去這個政權，這好像只是爲着使得他們在一八四九重新得回這一政權，而且使這一政權還脫去了一切限制，可是他們之復得這一政權，是由於他們譭謗了共和國和憲法，咒詛了未來、現在和過去的一切革命（連過去自己領袖所率領的革命也包括在內），並頒布了壓迫言論、破壞結社、並規定戒嚴狀態爲一種正常制度的許多法律。⑨接着國民會議在任命了休會期間的常駐委員會之後，就從八月中旬休會至十月中旬。在休會期間，正統派與埃姆斯（Ems）進行陰謀，與奧爾良派與克雷爾蒙特（Claremont）進行陰謀，波拿巴則全副儀仗巡遊各地來進行陰謀，而地方議會則協議修改憲法——每逢國民會議定期休會時，這些事故總是照例的重複發生。可是，只當他們已形成爲事變時，我才加以論述。在這裏我只要指出：國民會議很長期地離開了舞台，在共和國底頂上，只剩下衆所共見的一個怪萎瑣的姿容，波拿巴底姿容，這是國民會議之失策，同時，秩序黨又分裂爲其保皇派的諸構成部份，他們追求其互相衝突的復辟慾望，而致招衆人底公憤。在這些休會期間，議會底喧鬧聲音一旦沉寂，議會底身體一旦分解於國民中，就很明白地顯示出：要全盤托出這一共和國底真實容貌，只缺少一樣東西，卽是：使議會永久

⑨ 在七月二十七日，頒布了取締報紙之臨時法律。這法律規定不得行政機關許可，不得零售報紙；而行政機關用不着說出任何理由，就可拒絕允許其零售。對於共和國底大總統之任何侮辱，都要受正式控告。對於法律之任何批評，都要被處罰金、監禁等等。結社之權利——二月革命底最重要的政治勝利之一——被廢止了。新的俱樂部法，使政府有權『封閉對公共治安有危險的俱樂部與現有團體』。不只在巴黎及其近郊，而且在里昂與五個縣，在斯特拉斯堡（Strasbourg）在利姆斯（Rheims）以及其他城市與十六縣，都宣布了戒嚴。在戒嚴時間，各處都以軍事法庭代替普通法庭來執行職權。——編者註

休會，並把它的格言：『自由，平等，博愛』，由明確的言句：『步兵、騎兵、炮兵』來代替，

# 4❶

在一八四九年十月中旬，國民會議重又開會。波拿巴於十一月一日通告罷免巴洛．法盧內閣並組織新內閣，這一通告使國民會議爲之驚愕。革除從僕，也不像波拿巴罷免其內閣那樣無禮。那定要向國民會議踢去的脚，先踢了巴洛之輩。

像我們所已看到的，巴洛內閣是由正統派與奧爾良派構成的，這是秩序黨底內閣。波拿巴需要這個內閣，爲的是解散共和主義的立憲會議，實行羅馬遠征，並擊破民主黨。那時他在外表上，隱於這個內閣底背後，把政府權力委於秩序黨之手，戴着溫和的假面具——在路易·斐立普統治時代，

---

❶ 本章包括一八四九年六月十三日至一八五〇年五月三十一日。

詳述立憲共和國與國民立法會議底第二階段之經過：秩序黨之議會的專政。秩序黨爲保持其權力，而廢去了普選制，但喪失了議會對於內閣的統治權。——譯者註

報紙底負責編輯們所戴的假面具也正是這種稻草人（Homme de Paille）底假面具。現在他把假面具丟掉了，這假面具，已不復是一個使他能在其下隱藏自己面容的薄幕，而已是一個使他不能顯示其本來面目的鐵的面具了。他曾任命了巴洛內閣，俾能以秩序黨底名義解散共和主義的國民會議；他罷免巴洛內閣，俾能不依靠於秩序黨的國民會議而宣布他自己的名字。

罷免巴洛內閣，是並不缺乏有利的口實的。巴洛內閣對於共和國大總統本當把他看做是與國民議會相並的一個權力，可是它卻連這一種禮節也忽略了。在國民會議休會期間，波拿巴發表了致埃德加・耐衣(Edgar Ney)底信，在這封信中，他好似表出了不贊成教皇底自由主義的態度；這正如他從前反對立憲會議而發表了稱讚烏提諾進攻羅馬共和國的信一樣。當現在國民會議表決羅馬遠征的預算案時，嘉依以虛假自由主義的立場，提出這封信來談論。秩序黨以嘲笑的疑難的叫聲，埋葬了那種認為波拿巴底妄想能有任何政治重要性的思想。內閣閣員沒有一人出來代他說話。另一回，巴洛從講壇上，以他的有名的空洞的詞藻，說出了他對於『可憎的陰謀』之憤怒的話。據他說來，這種『可憎的陰謀』是在大總統底最親近的人物裏面進行着的。最後，內閣從國民會議中為奧爾良公爵夫人取得了寡婦養老金，而卻拒絕向國民會議提議增加大總統底年金。但在波拿巴身上，王位覬覦者與破落的冒險家是如此密切地結合在一起，使他除了負責復興帝國使命的這個偉大思想之外，還時常補充有另一個思想，即法國人民負有向他償債的使命。

巴洛——法廬內閣，是波拿巴所設立的最先的和最後的一個**議會內閣**。所以，這個內閣之罷免，形成了一個決定的轉變點。隨着這一內閣的罷免，秩序黨失去了行政權的領導，失去了維持議會制度所必須的地位，而永遠不能再把它奪回。在像法國這樣的一個國度中，行政權支配了五十萬人以上的官吏羣，因而使巨量的利益與個人生存，永處於絕無條件的依賴狀態中；在法國，國家對於資產階級社會，從其最大的生活表現直至其最小的活動，從其最一般的生活樣式直至其個人的私生活，都要加以牽涉、統制、調整、督察和監護；在法國，由於極度的集權，這個寄生體就普遍地皆存，無所不爲，行動敏捷和極爲機動的了；可是與之對比起來，現實的社會機體則表示自己無力的不獨立性，自己的完全無定形性。在法國這樣的國度中，很明顯的，如果國民會議沒有同時使國家底行政機構簡單化，沒有盡可能地縮小官吏底人數，而且最後，也沒有讓資產階級社會與輿論來創設自己的、不依賴於政府權力的機關，那末，國民會議一喪失其左右內閣位置的權力，國民會議也就失去了一切的實際的勢力。但是，法國資產階級底**物質利益**，是與那種廣泛而又繁雜的國家機器的維持，極密切地互相錯綜的。在國家機關中，資產階級爲其過剩的人口，找到了位置，他們在利潤、利息、地租和酬金底形態中所不能獲得的，在國家薪俸底形態中得到了補償。在另一方面，資產階級底**政治利益**，迫使他們每天增加壓制辦法，因而增加了國家政權底費用和人員；同時，他們又要不斷地與輿論作戰，而對於獨立的社會運動機關，如果他們不能完全加以切去，那末就一定抱着不信任的態度而加以迫害和摧殘。於是法國資產階級底階級地位，就使它不得不在一方面根絕一切的（因而也包括它自己底）議會權力底生存條件；而在另一方面，使得那個與它相敵對的行政權力，成爲不能克服的。

新內閣稱爲特豪普爾（D'Hautpaul）內閣。這並不是說特豪普爾將軍據有內閣總理的高位。自從巴洛被罷免以後，波拿巴也就廢去了這個高位，——這個高位事實上會使共和國大總統處於立憲君主的、在法律上無何作用的那種狀態，這樣的立憲君主，既沒有王位，也沒有王冠；既沒有笏，也沒有劍；既沒有不能被侵犯的特權，也沒有最高國家權位的遺傳的所有權；而且最壞的，更是沒有年金。特豪普爾內閣裏面，只有一人是在議會中有位置的，這人卽猶太人傅爾特（Fould），大金融家中惡名最著的一人。財政部長的位置就是歸於他的。你們看一看巴黎交易所底市價表，就可看出，從一八四九年十一月起，法國公債是隨波拿巴派的股票底漲跌而漲跌的。波拿巴就這樣地在交易所中找得了他的同盟者，同時他又任命卡里爾（Carlier）爲巴黎警察總監，而攫得了警政權。

可是，內閣更迭底後果，只在事變發展底經過中才能顯露出來。首先，波拿巴只是爲着往後倒退得更明顯，才向前進了一步。他在唐突的通告之後，接着就向國民會議作了最卑屈恭順的聲明。每逢內閣閣員敢於作一種懦怯的企圖，想把他（指波拿巴——譯者）個人的妄想提出作爲法案的時候，他們好像是違反自己的本意，而只爲自己地位所迫才不得不來執行這種滑稽命令似的，——對於這些滑稽命令，他們事先就已確信其無效可言了。每逢波拿巴在內閣閣員背後露出他底意向並玩弄其『波拿巴式的觀念』時，他自己的內閣閣員就從國民會議底講壇上，爲他否認了。看來好像他的篡奪熱望之被揭露，只是爲着使他敵人的惡意哄笑不致沉默似的。他表現出好像是一個被人所誤解的天才，這個天才被全世界當成爲愚人。他之受一切階級蔑視，再沒有比這個時期更深刻的了。資產階級從來沒有這樣絕對地統治過，資產階級從來沒有這樣高傲地誇示過自己統治底印璽。

我在這裏用不着敍寫它（指資產階級——譯者）底立法活動底歷史。在這時期，立法活動，可概括於兩種法律中：即恢復葡萄酒稅的法律，❶與廢除無信仰狀態的教育法，❷如果資產階級使法國人飲葡萄酒較爲困難，那末它使法國人能飲更豐富的眞實生命的淸水。如果資產階級以葡萄酒稅去宣布了舊時可恨的稅制之不可侵犯性，那末他們就想以教育

❶ 葡萄酒稅底負担，是落在最貧苦一部人民底肩上。國民會議曾取消了葡萄酒稅，想要以所得稅來代替它。一八四九年十一月一日所任命的傅爾特內閣底第一個步驟就是恢復葡萄酒稅，並使這稅保持舊時的衆所共憤的形態，把其主要負担壓在小消費者底肩上。 ——編者註

❷ 國民會議在一八五〇年三月十六日所通過的教育法，把教育放在僧侶與耶穌教派的手裏。 ——編者註

法來鞏固民衆忍受舊權制那種舊心情。但可驚異的，是這些與爾良派、自由主義的資產階級，這些伏爾泰主義與折衷派哲學底老信徒們，卻把法國人底精神的指導，委託與他們底世仇耶穌教派。可是這上面實在無可驚異；因爲在王位覬覦者的問題上，與爾良派與正統派，雖夠有所分歧，但他們卻都懂得爲要確保他們底聯合統治，須要把兩個時代底壓迫手段，結合起來。他們懂得七月王朝底奴役手段一定要以復辟時代底奴役手段來補充與加強。

農民底一切希望，都落了空。一方面穀物價格低落；他方面租稅負担與土地抵押的債務加重，這兩方面使得他們比以前都更受壓迫，他們在各縣開始騷動。對於他們的回答，是：迫害那些隸於僧侶之下的學校教師，迫害那些屬於縣長之下的市長，實行一切人所隸屬的偵探制度。在巴黎和大城市，反動本身帶有其時代底面貌，它大多不是鎮壓反抗，而是激發反抗。在鄉村中，反動是呆笨的、凡庸的、卑劣的、可厭的和暴虐的，一言以蔽之，就是憲兵。爲僧侶制度所祝福的憲兵統治底三年，該是如何腐化了未成熟的民衆，這點人們盡可以懂得。

不管秩序黨從國民會議底講壇上用好多熱情和宣言來反對少數派，他們底言語依然是單音節的（ Einsilbig ），如基督教徒說是、是、否、否的言語一樣！在報紙上，也和在講壇上一樣，是單音節的；和事先就知道答案的謎語一樣，乾燥無味。不管他們所處理的問題，是請願權還是葡萄酒稅；是言論自由還是自由貿易； 是俱樂部還是市政法規； 是人身自由的保證還是國家財政的調節——同一的口令總是重復着，題目總是同一的，判決詞總是準備好了的。而且總是一成不變的說：『社會主義！』連資產階級的自由主義也被宣布是社會主義；資產階級的啓蒙，也被宣布是社會主義；資產階級的財政改革也被宣布是社會主義。在已有一條運河的地方，要建築一條鐵路，這是社會主義。當人家用劍攻擊他的時候，他以手杖自衛，這也是社會主義。

這不只是說話方式，時髦或政黨手腕。資產階級正確懂得：他們所鍛鍊的用以反對封建制度的一切武器，都倒過來反對它自己了；它所造成的一切教育手段都起來反抗它自己的文明了；它所創造的一切神祇都背叛了它。它懂得，一切所謂資產階級的自由與進步的機關，都從社會基礎上及其政治高層上，同時攻擊和威脅它的階級統治。所以，變成『社會主義的』了。它在這威脅和攻擊中，確當地看出了社會主義底秘密，因之它對於社會主義意義與趨向的評價也就比較所謂社會主義自己所作的評價要正確些，這種所謂社會主義，不能懂得爲什麼資產階級總是頑固地反對社會主義——不管其態度是感傷地愁訴着人間的不幸，或是本着基督教徒的精神預言着千年王國與普遍的兄弟似的熱愛，或是依着人道主義的風格空談着精神、教育和自由，或是以體系家底樣子臆想着一切階級的協調與福利的體系，都是一樣。可是，資產階級所有沒懂得的，是下面的這一點，即：歸根究底說來，他們自己的議會制度，他們的一般政治統治，現在也不能不一般地被宣判爲社會主義的。當資產階級統治還沒有完全組織好，還沒有獲得其純粹政治表現的時候，其他階級與資產階級的對立，也不能以純粹的形式表現出來，在那裏就是對立已經表現出來，它也不能採取使一切反對國家政權的鬥爭都轉化爲反對資本的鬥爭之危險轉變。如果資產階級把社會的生活的每一表現都看做是妨害『安靜』，那末它怎能在社會底頂上保持不安靜的制度，它自己的制度，議會的制度呢？——照它的一個演說家所說，議會的制度，正是生存於鬥爭之中，而且是因鬥爭而生存的。議會的制度，因辯論而生存，它怎樣禁止辯論呢？，在這裏面，各種利益，各種社會設施，都轉化爲一般的思想，而且被當做思想來處理；在這樣條件之下，某一種利益，某一種設施，怎能說是超越思想之上而強人把它當做宗教信條呢？演說家在講壇上的論戰，引起了新聞記者在報紙上的論戰；議會的辯論俱樂部，必然要以花廳和酒店的辯論俱樂部來補充；議員經常訴之民意，這就承認民意有在請願書中發表其眞正意見的權利。議會的制度，將一切事情交由大多數來決定，這樣，議會以外的大多數人怎能不欲作出決定呢？當你們在國家底頂上拉奏提琴時，你們如果不是期待下面的人跳舞，那末你還期待些什麼呢？

以前被稱頌爲『自由主義的』東西，現在被詆譭爲『社會主義的』東西了，這樣資產階級就供認着：它自己的利益，命令它解除以自己名義實行統治的這種危險；它供認着：爲要恢復國內的安靜，首先就一定要把其資產階級的議會，安靜下來；如要保持它的社會權力，不受損害，就一定要打破它的政治權力；它供認着：只有在資產階級也像其他階級一樣被判處於同一政治無力狀態中的條件之下，個別的資產者才能繼續剝削其他階級，安逸地享受財產，家庭、宗教和秩序；它供認着：為要救他們的錢袋，他們一定要丟棄王冠，而那個保護他們的利劍，也一定要像達摩克利茲劍一樣同時懸在他們自己的頭上。（達摩克利茲（Damocles）是敘拉古（Syracuse）的佞者，恆謂王者多福。暴君戴俄尼希阿斯第一（Dionysius I）惡之，以一髮懸劍，命之燕飲於其下。——譯者註）

在一般公民利益底領域中，國民會議表現出極無效果。例如，從一八五〇年冬季就開始討論巴黎——亞威農鐵路，到一八五一年十二月二日，尚未能作出結論。在不是壓迫或不是實行反動之場合上，國民會議就陷於不可救藥的沒有效果的狀態。

波拿巴底內閣，部份地是握取了主動權來制定含着秩序黨精神的法律，部份地又是在實施和執行上加重了這些法律的苛酷性；同時在另一方面，波拿巴自己又圖謀以幼稚到荒唐地步的提案來博得人望，他指明他自己對國民議會的敵視，並暗示有某一種秘密的寶藏，這種寶藏暫時被情勢所阻，不能把其財寶公開給法國人民。屬於上述這種性質的提案，有提高下士薪俸每天增加四『蘇』(Sous法郎的百分之一)；創設工人信用貸款銀行的提議。⓫金錢的餽贈和金錢的借貸

⓫ 工人貸款銀行就是當工人失業時，由銀行貸款給他，等他

——這就是他希望用來誘惑民衆的遺贈。贈金與貸款——這就是高貴的或卑賤的流氓無產者底全部財政學。波拿巴所懂得開動的發條，只此而已。從來沒有一個僭位覬覦者像他那樣愚蠢地投機利用羣衆底愚蠢。

對於波拿巴這種犧牲國民會議以取得人心的明明白白的企圖，對於這位冒險家（他既爲負債所驅迫，又沒有值得愛護的名譽）可能出於絕望行爲之日益增加的危險，國民會議會一再地害怕起來。當秩序黨與大總統之間的不和，已經帶着危迫的性質時，一件出乎意料之外的事件，又使波拿巴懺悔似地重又投入國民會議底懷抱中。我們所指的是一八五〇年三月十日的補充選舉。在六月十三日以後，有些議員被監禁或流亡，爲要補充這些遺缺，舉行了補選。巴黎所選出的，只是社會民主主義的候選人，不僅如此，而且，大部份的選舉票還是集中於一八四八年六月起義的參加人德佛羅特（Deflotte）。巴黎小資產階級就這樣與無產階級聯盟以報一八四九年六月十三日失敗之仇。看來好像小資產階級在危險時候之離開戰場，只是爲着在更好時機中以更大的戰鬥力量、以更勇敢的戰鬥口號、來重新踏進戰場似的。這次選舉勝利底危險性，似乎因下列事實而更形增大了，即：軍隊在巴黎投票選舉六月起義者，以反對波拿巴底內閣閣員拉伊特（Labitte），而在各縣，則大部份投票選舉山岳黨，山岳黨在這裏雖沒有獲得像在巴黎那樣的決定的勝利，可是比其敵人

找到職業時，按期把借款償還給銀行。這是友琴蘇(Eugene Sue)所提議的貧民銀行。
——編者註

是佔優勢的。

波拿巴突然看到自己又面對着革命了。正如在一八四九年正月二十九日一樣，正如在一八四九年六月十三日一樣，他在一八五〇年三月十日，又躲到秩序黨底背後。他屈服了，他卑怯地謝罪了，他願意依照議會底多數派底命令來任命議會所合意的任何內閣，他甚至哀求奧爾良派和正統派的首領們，梯也爾、柏里耶、布羅利摩雷[illegible]，簡言之，即所謂城主們（Burggrafen），①自己來掌握政權。秩序黨不知道如何利用這個千載一時的機會。他們不但沒有大胆地提取波拿巴所獻出的權力，而且甚至沒有強迫波拿巴來重新任命他在十一月一日所罷免的內閣；他們以寬恕來羞辱波拿巴，他們並使巴洛士（Baroche）加入特哥諾內閣，這樣他們就心滿意足了。這個巴洛士在部爾熱（Bourges）高等法院當檢察官時，曾經大肆凶焰，第一次是公訴五月十五日事變中的革命家，第二次是公訴六月十三日事變中的民主主義者，這兩次都控以危害國民會議之罪。以後，在波拿巴底內閣閣員中，沒有一人像他那樣厲害地侮辱國民會議，而自一八五一年十二月二日以後，則我們看到他當起位高俸厚的參議副議長來了。他吐痰於革命者底羹湯中，以使波拿巴能夠把它吃盡。

社會民主黨這一方面，似乎只是急於找得口實，使他們自己底勝利再度成為問題，並使他們勝利底意義減少。維達爾

① Burgrave（城主）是從囂俄一篇劇本所借用得來的一個諷刺的綽號，指那些無力而又貪愛權力的，而且抱着封建的野心的保皇派。
——編者註

（Vidal），新由巴黎所選出的議員之一，同時也由斯特拉斯堡選出。依照黨底主張，他辭卻了巴黎底當選權，而接受斯特拉斯堡底當選權。因此，社會民主黨並不是使他們在巴黎選舉中的勝利獲得一種確定的性質，並不是迫使秩序黨立即在議會中與他們進行鬥爭，並不是迫使他們的敵人在民衆情緒高漲和軍隊抱着好感的時候來與他們鬥爭；而是在三月和四月中，以新的選舉的鼓動來使巴黎倦怠下來，讓激昂的民衆感情在這一新的臨時選舉的把戲中冷淡下來；讓革命的精力，在立憲的成功中感覺飽滿，並把革命精力浪費於細小陰謀、空洞宣言和虛假運動之中，讓資產階級有集合力量與進行準備的時間，而且，最後還讓接着而來的四月選舉之感傷主義的註釋（友耶・蘇底被選）來減弱三月選舉的意義。一言以蔽之：社會民主黨愚弄了三月十日（指三月十日選舉的勝利——譯者）。

國會底多數派，懂得他們敵手底弱點。秩序黨底十七位城主（波拿巴已把攻擊的指揮和責任，委於他們）制定了新選舉法，交由福舍（Faucher）先生來報告，而這位先生正是懇求着這個名譽的。五月八日福舍提出了這個選舉法——它廢止了普選權，規定選舉人必須具有在選舉區居住三年之條件，最後，還規定工人在選舉區居住的時間，要依據他們雇主底證明書來決定。

在立憲的選舉鬥爭中，曾經如此革命地激動奔放的民主黨，當現在需要手執武器來證明那次選舉勝利底嚴重意義時，卻反而如此立憲地來宣揚秩序、尊嚴的安靜和合法的態廢了，這卽是說，宣揚對於那種僭稱爲法律之反革命的意志，實行盲目的服從。在結論的時候，山岳黨以固守法律範圍的正直人底冷靜態度，來與秩序黨底革命熱情相對比，並且以責備秩序黨行動革命的這個可怕的非難，來使它嚇得要命——山岳黨企圖以此來羞辱秩序黨。甚至新當選的議員們，也極力想以他們的端莊有禮的舉動，來證明誹謗他們爲無政府主義者，解釋他們底當選爲革命底勝利，是何等的謬誤。五月三十一日，新選舉法被通過了。山岳黨暗地裏把一紙抗議書塞進議長底衣袋，就心滿意足了。在選舉法之後接着來了新出版法，它把革命報紙完全壓迫了。革命的報紙該受這樣的命運。在這一摧殘之後，革命底第一綫的前哨，就只有『國民報』和『新聞報』兩個資產階級的報紙了。

我們已經看到，民主黨底領袖們，在三月和四月中如何盡力把巴黎民衆拉入虛假的鬥爭中，而在五月八日之後，他們又如何盡力抑制巴黎民衆從事眞實的鬥爭。此外不要忘記，一八五〇年是工業和商業最繁榮的年頭之一。所以，巴黎無產階級全有職業。可是一八五〇年五月三十一日的選舉法，使得他們不能參與政權，並把他們與戰場隔絕。這一法律使工人退至二月革命以前他們所處的非人的地位上。由於這樣的事件，他們就聽任民主主義者來指導自己，就爲了一時的安逸而忘却他們階級底革命底利益。於是他們就放棄了成爲一種征服力量之光榮，屈服於自己底運命，證明了一八四八年六月底失敗使得他們長期喪失戰鬥力，而歷史的過程在最近期間是要越過他們而前進的。至於在六月十三日大嚷『如果一旦侵犯普選選舉權，那時，我們就要給顏色他們看看』的小資產階級民主派，那末他們現在就這樣地安慰自己，說：反革命給與他們的打擊，並不算是打擊，而五月三十一日的法律，並不是什麽法律。在一八五二年五月二日，每一個法國人將會一手拿着選舉票，一手拿着武器來到選舉場上。他們以這樣的預言，來滿足自己。最後，軍隊為了一八五〇年三月和四月的選舉，受到了上官的處罰，正如他們為了一八四九年五月二十九日的選舉而受了處罰一樣。可是，在這一次，軍隊堅決地說：『我們第三次再不上革命的當了。』

一八五〇年五月三十一日的法律，是資產階級底政變。資產階級以前對於革命的一切勝利，都只是臨時性質的。現時存在的國民會議一退出舞台，那些勝利，也就成了問題。它們（指勝利——譯者）依賴於新選舉底偶然性，可是自一八四八年以來的選舉歷史，無可辯駁地證明了：資產階級底實際統治越是發展，他們對於民衆之精神的統治，也成正比例地越是喪失。在三月十日，普選宣布直接反對資產階級底統治；資產階級就以取消普選來作答覆。所以，五月三十一日的法律，是階級鬥爭底必然表現之一，在另一方面，憲法規定大總統底選舉要能有效，至少須有二百萬票。如果大總統候選人沒有一個獲得這個最低限度的票數，那末，國民會議就有權從得票較多的三位候選人中，選出一個大總統來。當立憲會議制定這個法律的時候，登錄於選舉名册中的選舉人，有一千萬人。所以，照這一法律底意思來說，在享有選舉權的人數中，只要有五分之一，就足以使大總統的當選發生效力。五月三十一日的法律，至少從選舉名册中削去了三百萬人，這樣就把享有選舉權的人數減爲七百萬人，可是大總統當選之二百萬票的法定最低限度，依然保留着。所以，法定最低限度，就從享有選舉權人數底五分之一，幾乎提高三分之一；這就是說，這一法律，用了一切方法，來把大總統底選舉，秘密地從民衆手裏轉入國民會議底手裏。五月三十一日的選舉法，把國民會議底選舉與共和國大總統底選舉，委諸社會的停滯部份，這樣，秩序黨好像已使其統治雙倍鞏固了。

# 5[註]

革命的危機一過去，普選制一廢止，國民會議與波拿巴之間的鬥爭，就又勃發了。

憲法規定波拿巴底薪俸爲六十萬法郎。他就職之後還不到半年，就已達到把這數額增加一倍，因爲，巴洛強向立憲會議要索了每年六十萬法郎的額外費，即所謂交際費。在六月十三日以後，波拿巴已提出了同樣的願望，可是這一次巴洛沒有答應。現在，在五月三十一號之後，波拿巴立即利用有利的時機，叫他的內閣閣員在國民會議中提出三百萬法郎年金之動議。長期的冒險家的流浪生活，賦與他以極發達的

---

[註] 本章包括一八五〇年五月三十一日至一八五一年四月十一日。

詳述立憲共和國與國民立法會議底第三階段之經過：國會的資產階級與波拿巴之鬥爭，國會喪失了對於軍隊之統制權，國會企圖重新恢復其對於行政權之統制，但又告失敗；秩序黨因在議會中不再佔多數，乃與共和主義派及山岳黨聯合起來。

——譯者註

觸角，使他能夠探知在什麼時候他可以向資產者索取金錢。他實行了合法的勒索。國民會議在他的助力和他的共謀之下，侵害了人民底主權。他威脅地說：如果國民會議不鬆開錢袋，不以每年三百萬法郎來收買他的沉默，那末他將以國民會議的犯罪行爲，訴諸人民。國民會議剝奪了三百萬法國人民底選舉權，他要求，每一個法國人在政治上被停止流通（即被剝奪選舉權——譯者註），就要付他一個流通的法郎；這樣恰恰等於三百萬法郎。他，六百萬人所選出的一個當選人，要求賠償他在後來被人騙去的票數。國民會議底委員會，拒絕這個厚顏的要求。波拿巴派的報紙就實行恫嚇。是的，當國民會議在原則上已經最後地與國民大衆相決裂的時候，它能與共和國大總統相決裂嗎？國民會議拒絕了年金，但却認可一次給與二百一十六萬法郎的補助費。國民會議既答應了錢，同時又以自己的煩惱樣子表示是違乎本意而答應的，這樣它就犯了雙重的軟弱性。波拿巴爲什麼需要這筆款子，我們往後就可以看到。這個不愉快的事件，是隨普選權被廢止之後而來的，在這個事件中，波拿巴已改變了他在三月和四月危機時期的恭順的態度，而換上了對於篡奪式議會的挑戰的倨傲的態度；在這個不愉快事件之後，國民會議就休會三個月，從八月十一日起至十一月十一日止。國民會議在自己之後留下了一個由十八名議員組成的常駐委員會，這個常駐委員會，包含了幾個穩健的共和主義者，但却沒有包含一個波拿巴派。一八四九年的常駐委員會，只包含了秩序黨與波拿巴派的人。但在那個時候，秩序黨宣布自己是永久反對革命。這一次，議會的共和國，却宣布自己永久反對大總統。在五月三十一日的法律以後，與秩序黨對立的敵手，只剩下大總統了。

當國民會議在一八五〇年十一月重新開會時，情況成了下述的樣子：過去國民會議與大總統之間發生小衝突，現在他們之間好像不可避免地一定要開始重大的無情的鬥爭，開始兩個權力之你死我活的鬥爭。

在一八五〇年底議會休息時期， 如同在一八四九年一樣，秩序黨也分裂爲其各個不同的派別，各自忙於自己復辟的陰謀，並且路易•斐立普之死，使復辟陰謀更形滋長。正統派的國王亨利第五，甚至任命了一個正式的內閣駐於巴黎，在這個內閣中，國民會議常駐委員會底委員也參加了。所以，波拿巴在自己方面也就有權巡幸法國各縣，並按照他所幸臨的都市底情緒，來隱掩地或公然地洩露自己底復辟計劃，並爭取贊成自己的選舉票。波拿巴的正式『顧問報』與小的私人『顧問報』自然是把這些巡遊當做凱旋的巡遊來慶祝，而波拿巴在巡遊時，到處都有『十二月十日會』底會員偕行。『十二月十日會』成立於一八四九年，它名義上是一個慈善團體，實則是巴黎的無產者羣的一個秘密團體，它分成各支團，每一支團，都由波拿巴派的代理人來率領，而全體則由一個波拿巴派的將軍來指揮。在這團體裏，除生活方法不明和來歷不明的破落的放蕩者與資產階級的家世衰微的冒險份子之外，還有流氓、革職軍人、出獄犯人、脫逃的流放者、騙子、走江湖者、無賴、扒手、耍把戲者、賭徒、龜奴、妓館老闆、挑伕、文人、奏拉風琴者、拾垃圾者、磨刀匠、補鍋匠、叫化子，一言以蔽之，就是法國人所稱為La Boheme（放浪者或浪人——譯者）之動搖沒有固定性的、雜亂的、流蕩的羣，波拿巴以這一種與他類似的份子，來構成『十二月十日會』底基礎，這一團體的一切會員，都和波拿巴一樣，都感覺有犧牲國內勞動人民來周濟他們自己之必要；在這意義上，它是一個『慈善團體』，波拿巴立在流氓無產者之首，他身在這些流氓無產者裏面看到自己個人利益的羣衆反映，他在這樣的一切階級底排泄物、廢屑和滓渣之中，看到自己所能無條件地依靠的唯一的階級，——這就是眞實的波拿巴，這就是不加掩飾的波拿巴。他是一個老練的狡猾的放蕩者，他把各國人民底歷史生活及其主要的政事行動，看做是最庸俗意義的滑稽劇；看做是以華麗的服裝、詞句和姿態來掩飾最小的瑣事之蒙面跳舞。這樣，在他進攻斯特拉斯堡時，❶一個訓練了的瑞士的鷹就扮演了拿破崙底鷹。在他襲入布倫（Boulogne）時，他使若干英國人的僕從穿上法國的軍衣。他們扮演了軍隊。他集合了一萬個流浪人於這個『十二月十日會』中，要他們扮演人民，如像莎士比亞滑稽劇中塞特爾（Klaus Zettel）扮演獅子❷一樣。法國資產階級自己，以世

❶ 路易·波拿巴於一八三六年在斯特拉斯堡舉行第一次政變，遭受失敗。第二次，於一八四〇年進攻布倫，自立為帝，也歸失敗。 ——編者註

❷ 這裏指莎士比亞的戲劇『仲夏夜之夢』中的職工尼克·菩通（Nick Bottom）（塞特爾）。 ——編者註

界上最認眞的態度來扮演最完全的喜劇，它不敢違反法國演劇格式底任何最迂腐的規則；它自己一半被騙一半自信的相信自己主要政事行動的莊嚴性；——在這樣的時候，這位把滑稽劇簡單看爲滑稽劇的冒險家，一定是要勝利的。當他已經除去了他的莊嚴的敵人之後，當他自身對於皇帝底角色也認眞起來，並在拿破崙底假面具之下，自以爲是眞正的拿破崙之時，他才變成他自己的世界觀底犧牲品，才變成認眞的丑角，現在他已不是把世界歷史當做滑稽劇，而是把他底滑稽劇當做世界史。『十二月十日會』是波拿巴所特有的黨派的戰鬥力量，『十二月十日會』之於波拿巴，正如國立工廠之於社會主義派工人一樣，正如別動警衛軍之於資產階級共和主義者一樣。在他巡遊時，隨從他的『十二月十日會』底會員就要裝集做他的聽衆，或爲民衆熱情的表現者，高呼『皇帝萬歲！』並且侮辱和毆打共和主義者，——所有這些當然是在警察保護之下舉行的。當他回巴黎時，這些人就成爲他底前衛，來預防或解散反對他的示威遊行。『十二月十日會』是屬於他的，是他的大作，是他特有的思想。除此以外，他所得到的其他東西，都是因境遇之力而轉入於他手中的；除此之外，他所做的一切其他事情，都是因境遇之助而成的，或是因由於他滿足於模仿他人的行爲。波拿巴在公衆面前大談秩序、宗教、家庭、財產這些官腔的話，可是，在背後卻依賴惡棍與盜賊的秘密團體，依賴無秩序、賣淫與竊賊的團體，——波拿巴當做一個原作家來看就是如此，而『十二月十日會』底歷史，卽是他自己的歷史。有一次發生了這樣的事情，有幾個繫屬於秩序黨的議員被十二月會會員底木棍所光顧。還不止此。負責國民會議保衛事宜之警官雲恩（Yon），根據某一名亞雷（Alais）者底消息，向常駐委員會報告，說十二月會會員底一支團已決定暗殺蠻加尼埃將軍與國民會議議長杜鵬（Dupin），並已決定了誰來執行。杜鵬之吃驚，是我們所可想像得到的。議會對於『十二月十日會』的調查，即波拿巴派秘密之被揭發，好像是無可避免的。可是正在國民會議開會之前，波拿巴預先地解散了他的團體，自然這種解散只是紙上的，因為在一八五一年末，警察總監卡里爾在一詳細的備忘錄中，尚勸他真實解散『十二月十日會』而未獲成功。

『十二月十日會』就是這樣地依然成為波拿巴的私人軍隊，直至他達到把國家軍隊轉變成為『十二月十日會』時為止。早在國民會議休會不久之後，波拿巴就用他從國民會議所強索得來的金錢來開始作此種企圖。他是一個宿命論者，他深信存在着人（特別是兵士）所不能抵抗的某種最高力量，他以為屬於這種力量的首先就是雪茄烟和香檳酒，冷雞肉和蒜臘腸。所以他首先在伊利塞（Elysee）宮底大廳上，以雪茄烟、香檳酒、冷雞肉和蒜臘腸來款待將校與下士。十月三日，他在聖摩爾（St•Maur）閱兵之際，對於軍隊士兵又應用同樣的手段。十月十日，他在沙托里（Satori）大閱兵之際，就以更大的規模重復同樣的手段。伯父記起了亞歷山大（Alexander）底亞洲遠征，④姪兒記起了巴卡斯（Bacchus）在同一地方的勝利的進軍。⑤亞歷山大的確是半神，可是巴卡斯却是含神，而且是『十二月十日會』底守護神。

在十月三日的閱兵式之後，國民會議底常駐委員會，就傳召陸軍部長特豪普爾來作答覆。他允諾不再重復這樣違犯軍紀的事情。我們知道波拿巴在十月十日是怎樣地遵守了特豪普爾底話。盛加尼埃是巴黎軍隊底總司令，這兩次的閱兵式都是由他指揮的。他既是常駐委員會底委員，又是國民警衛軍底司令官，又是正月二十九日和六月十三日的『救主』，又是『社會底堡壘』，又是秩序黨底大總統候補者，又是被猜度的兩個王朝底蒙克（Monk）將軍，③他從來未承認過他是陸軍部長底屬員，他總是公然嘲笑着共和國底憲法；而且曾經對波拿巴採取模稜兩可的高貴的庇護態度。可是現在他熱烈地擁護軍紀，而反對陸軍部長，擁護憲法而反對波拿巴。當十月十日有一部份騎兵高呼『拿破崙萬歲！臘腸萬歲！』時，盛加尼埃作了如此布置，使得至少他的朋友耐邁耶爾（Neymeyer）所指揮的步兵隊在走過波拿巴面前時，保持冷冷的沉默。在波拿巴指示之下，陸軍部長藉口升任耐邁耶爾將軍為第十四與第十五師團底司令官，而解除他在巴黎的

---

① 馬其頓（Macedon）的亞歷山大（紀元前三五六年至三二三年）好幾次遠征亞洲。——編者註

② 據希臘神話所說，希臘酒神巴卡斯帶着飲醉了酒的從者，遍歷亞洲各地。——編者註

③ 蒙克將軍奉職於查理第一（Charles I）之下，繼又奉職於克倫威爾（Cromwell）之下，後又奉職於查理第二（Charles II）之下。——編者註

職位，作爲對於他底處罰。耐適耶爾拒絕這個調動，因而不得不辭職。盛加尼埃在他這方面，於十一月二日發表了一個命令，禁止軍隊在手持武器時呼喊任何政治口號或舉行示威運動。伊利塞派的報紙⊛攻擊盛加尼埃；秩序黨的報紙攻擊波拿巴；常駐委員會屢次開秘密會議，在會議時屢次提議宣布祖國處於危險狀態之中；軍隊好像已分裂爲兩個敵對的陣營，有兩個敵對的參謀部，一個在波拿巴所住的伊利塞宮。一個在盛加尼埃所住的推勒里宮。好像國民會議的開會不可避免地要給出戰鬥的信號似的。法國民衆對於波拿巴與盛加尼埃間這次傾軋的評判，是與英國的新聞記者一樣的，這位英國新聞記者，曾用下面的話來描寫當時的傾軋情形：『法國的政治女僕正在用舊掃帚來掃除革命底灼熱的熔岩，她們在從事掃除時互相辱罵着。』

當此之際，波拿巴急迫地罷免了陸軍部長特豪普爾，把他趕快送往阿爾及爾，並任命斯蘭姆將軍（Gen Schramm ）爲陸軍部長，以代替他。在十一月十二日，波拿巴致送一個美國式的冗長的通告於國民會議，這一通告堆滿瑣事，滿含秩序臭味，熱望調和，聲呼服從憲法，談論到一切事情，可是只不講當前的緊急問題。他好像是順便地提到，說根據憲法明文，指揮軍隊之權完全屬於大總統。這一通告以下面浮誇的語句作結束：

『法國首先要求安靜……我受誓言底約束我將遵守這個

⊛ 波拿巴派的報紙。 ——譯者註

誓言所給我劃下的狹小限界。……至於我呢，我是人民所舉出的，我底權力也只是人民所賦與的，我將始終服從人民所合法地表示出來的意志。如果你們在此屆會期中議決修正憲法，那末立憲會議就要來規定行政權力的地位。如果不是，那末人民將於一八五二年莊嚴地宣布自己的決定。可是不論將來的解決如何，我們總要達到一個了解，使得一個大國底命運永不會由感情、意外事故或暴力來決定。……我所首先注意的，並不是在一八五二年法國將歸誰統治，而是如何運用我所支配的時間，來使這個過渡時期，不發生煽動和擾亂而安穩渡過。我已向你們開誠布公；望你們以信任來回答我的坦白，以合作來回答我的善意努力，其餘一切將由上帝來照顧。」

資產階級底冠冕堂皇的、虛僞平庸的、道義上老生常談的詞句，在「十二月十日會」底獨裁君主與聖摩爾和沙托里野餐底英雄底口中，顯示出其最深長的意義。

秩序黨底城主們，一刻也沒有自欺，他們並不以爲對這種開誠布公，是應報以信任。至於宣誓，他們老早就已厭倦了；他們自己中間有許多政治上假宣誓底名人和老手；可是他們所沒有聽漏的，却是關於軍隊的那一段話。他們憤懣地指出：這個通告很冗長地列舉最近所通過的許多法律，但對最重要的法律、選舉法，却有意毫不提及，而且，在若憲法不被修改之場合上，竟把一八五二年的大總統選舉，委之於民衆。選舉法是繫在秩序黨底腳上的鐵球，妨礙他們行動，當然更妨礙他們衝鋒。而且，波拿巴既正式解散了「十二月十日會』而罷免了陸軍部長，他就親自把贖罪的羔羊捧上祖國底祭壇上。他就除去了預期的衝突底尖銳性。最後，秩序黨自己盡力企圖避免、緩和、掩飾任何對於行政權力之決定的衝突。由於它懼怕失去它在反對革命的鬥爭中所收穫的東西，它於是就讓其敵手攫取這種收穫的果實。『法國首先要求安靜。』這是秩序黨自二月革命以來對革命所叫喊的話，這也是波拿巴在他的通告中對秩序黨所叫喊的話。『法國首先要求安靜。』波拿巴幹了以篡奪為目的的行為，但是如果秩序黨對這些行為發出警報，並且神經過敏地來解釋這些行為，那他們就犯了『不安靜』的罪。當沒有人談到沙托里底臘腸時，這臘腸是噤若寒蟬的。『法國首先要求安靜』。所以，波拿巴要求人家不要去打擾他，任他為所欲為，而議會黨則被兩重恐懼所麻痺：既恐懼重新引起革命的不安狀態，又恐懼被自己階級，被資產階級視為不安靜的罪人。因此，既然法國首先要安靜，故秩序黨也就不敢以鬥爭去回答波拿巴在其通告中所說的『和平』。民衆以為在國民議會開會時必然要大鬧笑話，他們的這種期待是錯了。反對派的議員，要求常駐委員會將關於十月事件的記錄提交出來，這個提案被多數所否決。國民會議在原則上避免一切能夠激動人心的辯論。國民會議在一八五〇年十一月和十二月的活動，是沒有什麼興趣可言的。

最後，到十二月底，才為着議會底個別特權，開始了小衝突。資產階級既已廢止了普選制，而暫時消除了階級鬥爭，所以運動就只是墜落為關於兩個權力的特權問題之瑣碎的詭計了。

有一位議員名叫曼昆（Manquin），因負債而被法庭判決有罪，在回答裁判長底詢問時，司法部長盧赫（Rouher）宣稱：應當不拘儀式，就發出逮捕負債者的命令。所以，曼昆就被投入債務監獄中。國民會議當知道這種破壞議員不可侵犯權的事情時，大爲憤慨。國民會議不只決定立即將他釋放，而且更在當晚由其書記強制地把他從克利希（Clichy）帶了出來。可是在另一方面，由於他們要證實自己對於私有財財產神聖性的信仰，並且由於他們蓄意建立一個收容所以便在必要時收容日益麻煩的山岳黨員起見，所以國民會議宣言在取得議會同意之後，拘捕負債的議員是許可的。國民會議忘記了頒布共和大總統在負債時也得被拘捕之命令。國民會議把本身議員底不可侵犯性底最後殘餘也都完全破壞了。我們記得警官雲恩曾根據某一名亞雷者的消息，而報告說：十二月會會員底一個支團，計劃暗殺杜鵬與盛加尼埃。由於這樣，所以議員警備官（Guaestoren）在第一次會議中，就提議設置特別的議會自己的警察，而由國民會議的特別預算來維持，並完全不受警察總監之指揮。內務部長巴羅士抗議這種對於他的職權之侵害。以後雙方成立了可憐的妥協，規定議院底警官，由議會自己的預算來支薪並由議院警備官來任免，不過事先須取得內務部長底同意。在這個時候，上述這一名亞雷者被政府提交刑事法庭審判，在那裏很容易地把亞雷所報告消的息宣布爲捕風捉影之談；並且經過檢察官之口嘲笑杜鵬、盛加尼埃、雲恩和整個國民會議。在十二月二十九日，內務部長巴羅士寫信給杜班，要求罷免雲恩。國民會議的常務局，決定讓雲恩留任原職，可是國民會議被自己在曼昆事件中的暴力行為所嚇怕，並且已經慣於在給與行政權力一個打擊後會受它的兩個打擊，因此，國民會議沒有批准常務局底決定。國民會議將雲恩免職，以酬其對於職務的忠誠，同時國民會議也剝奪了自己議會特權；這種議會特權是必要的，因為，它所要對付的人，不是那種在夜間決定明天作些什麼事情的人，而是一種在日間決定在夜間實行自己計劃的人。

我們已經看到，國民會議在十一月和十二月中，關於最重大的決定的問題，是如何避免和拒絕與行政權力鬥爭。現在我們看到，國民會議被迫為了最瑣小的原因而與行政權力開始鬥爭。在曼昆事件中，國民會議在原則上確認了議員得因負債而受拘捕，但同時為自己保留一種權利來使這原則只適用於自己所討厭的議員，國民會議與司法部長所爭的，就是這種可恥的特權。國民會議並沒有利用據人報告的暗殺計劃來查究『十二月十日會』，並把波拿巴之巴黎流氓無產者首領底真面目，無可挽救地暴露於法國和歐洲之前；國民會議只是使衝突降低到國民會議與內務部長關於任免警官權之爭奪。這樣，我們看到在這時期的整個期間，秩序黨被其模稜兩可的立場所迫，不得不把自己與行政權力的鬥爭，流為自己與總長們關於權限的瑣屑的吵鬧與爭論，流為詭計，合法的爭鬧與劃分權限的爭論，並把自己活動底內容，流為最空洞的形式問題。當鬥爭具有原則的意義，當行政權力真正地暴露了自己醜態，當國民會議底事業可以成為全國底事業之時，秩序黨卻不敢開始鬥爭。因為秩序黨如果這時開始鬥爭，它就要給與全國以發動的信號，而秩序黨最怕的，卻正是這種全國的發動。因此，在這樣的時機，秩序黨就拒絕了山岳黨底提議，而照議事日程行事。當爭論問題這樣地喪失其重大性之後，行政權力就靜待時機，使它能以細小的微末的動因，重新提出同一問題，並使這個問題只有（這樣說的話）議會的局部的興趣。那時，秩序黨底壓抑未發的憤怒，就爆發了；那時，他們就衝開了舞台底布幕；那時，他們就揭發大總統；那時，他們就宣布共和國處於危險狀態之中；可是，那時，他們的熱情看來好像是荒唐的，鬥爭底動機，看來好像是虛偽的口實，或者是一般不值得鬥爭的東西。議會的風暴，變成一個水杯中的風暴；鬥爭變成陰謀；衝突變成醜事。在一方面，革命的階級看到國民會議之受辱，大感痛快，因為他們對於這個議會底特權之關切程度，是與議會對於公衆自由之關切程度相等；議會外的資產階級不能理解議會內的資產階級怎樣會把時間浪費於這種瑣屑的紛爭上，怎樣會以如此可憐的對於總統的爭執來擾害安靜。當全世界都期待着戰鬥時，他們卻講和；而當全世界以為和約已經締結時，他們卻進攻；——這樣的戰略使秩序黨惑亂了。

十二月二十日，杜布拉（Pascal Duprat）質問內務部長關於金條彩票的事情。這彩票是『伊利塞（波拿巴駐在地——譯者）底地上的女兒』。波拿巴及其心腹，把這女兒帶進入世，而警察總監卡里爾正式給她以保護，不管法國法律除了以慈善爲目的的彩票外，如何禁止一切其他彩票。彩票發了七百萬張，每張一法郎，所得的純利，在表面上，說是用來遣送巴黎的流氓到加里福尼亞去。在這彩票上，波拿巴一方面想要用黃金夢去驅除巴黎無產階級底社會主義夢想，要想用第一獎彩金底誘人的期待，去驅除空論的勞動權。自然，巴黎底工人，在加里福尼亞金條底光彩中，認識不出從他們錢袋裏被騙去的沒有光澤的法郎。可是，整個地說，這件事情是一個直接騙局。要想不離開巴黎而往加里福尼亞開金礦之流氓，正是波拿巴自己以及他的負債累累的隨員。國民會議所通過給他的三百萬法郎，已經用完了，總得想法再來充實金庫。波拿巴發起建立所謂『勞動者都市』(Cites ouvrieres)，開始向全國募集捐款，而他自己在捐册上第一個下筆捐了一大筆錢。冷酷的資產階級不信任地等他付出捐款：他的捐款自然是沒有付出，於是對於社會主義空中樓閣的投機，就像肥皂泡一樣被吹破了。金條有了較大的成效。波拿巴這一夥人，把七百萬法郎中除出獎金以外的純收入，裝進他們的荷包，猶不以爲滿足，他們還製造了僞彩券，同一個號碼發出十張、十三張、甚至十五張，十足的『十二月十日會』精神的金融政策！在這裏，立在國民會議之前的，不是虛構的共和國大總統，而是真正的活生生的波拿巴。在這裏，國民會議能夠在他的犯罪地點把他捉住——這不是違犯憲法的罪，而是違犯刑法的罪。如果國民議會結束了杜布拉的質問，轉而繼續進行議事日程，那末它之所以如此做，只是因爲紀拉丹（Girandin）底自認爲『滿意』的動議，使得秩序黨想起了他們自己的一貫的貪污行爲。資產者，尤其是自負爲政治家之資產者，以其理論上的誇大，來補充其實際上的卑鄙。他在做爲政治家的時候，也和與他相對立的國家權力一樣，成爲一種高等的存在，對於這種高等的存在，是只能採取較高等的、神聖的方法去鬥爭的。

正因爲波拿巴是一個浪人，是一個國王模樣的流氓無產者，所以他比無賴的資產階級有一個長處，就是他能夠採用卑下的手段來進行鬥爭；在國民會議自己親手幫助波拿巴來順利地渡過軍隊的宴會、閱兵、十二月十日會，最後以至刑法等等的危險地方之後，他現在看到，由表面上的防禦轉爲進攻的時機是已到來了。在這期間，司法部長、陸軍部長、海軍部長和財政部長，所遭受的細小的失敗（在這失敗中，表現了國民會議的咆哮似的不滿），很少使波拿巴介意。他不僅阻止內閣的部長辭職，因而不僅阻止他們承認行政權力之屈服於議會；而且他現在已能完成他在議會休會期間所已開始的、把軍權從議會分開出去的工作，卽是，罷免儼加尼埃。

伊利塞派的一份報紙，發表了一個據說是在五月中向第一師團所發的命令（所以，這命令是從儼加尼埃發出的），在這一命令中，曾經勸告士官們於叛亂發生時，不要寬容他們自己隊伍內的叛徒，而要立刻將他們槍斃，並且不要聽從國民會議底要求派遣軍隊。一八五一年一月三日，國民會議爲了這個命令向內閣提出質問。內閣首先要求三個月，繼則要求一星期，最後要求二十四小時的時間，來調查這一事件。國民會議主持卽加以說明。盛加尼埃站起來聲明說，這個命令從來沒有下過；他又說，他將永遠迅速執行國民會議底要求，卽遇衝突發生之時，國民會議也可信賴於他。國民會議對於他的舉動，作了不停的鼓掌並對他投了信任票。議會旣委身於一個將軍底個人的保護之下，它就脫離自己的權位，而宣告自己的無力與軍隊的萬能。這位將軍，把從波拿巴那裏所得來的只是做爲賞賜的那種權力，聽由國民會議指揮來反抗同一波拿巴，並希望這個需要由他保護的國民會議來保護他，在這上面，他自己欺騙了自己。但盛加尼埃相信資產階級自一八四九年一月二十九日以來所賦予他的神秘的力量。他以爲自己是與其他兩個國家權力相並存的第三個權力。他與這一時代的其餘的英雄們（或者不如說聖人們），共有同一的命運。這些英雄們底偉大，是在於他們的黨派對他們抱着極大的評價，可是，一旦局勢要他們實現奇蹟時，他們就降爲凡人了。一般地說，這些偶像上的英雄們與眞實的聖人們之致命的敵人，是沒有信仰。由此產生他們對於沒有熱情的機智者和譏笑者之偉大道義的憤慨。

當晚，內閣閣員被召至伊利塞宮，波拿巴堅持要罷免盛加尼埃；五位閣員拒絕署名；『顧問報』宣布了內閣底危機，而秩序黨則以組織議會軍隊歸於盛加尼埃指揮來相威嚇。秩序黨根據憲法是有這種權力的。秩序黨只要任命盛加尼埃爲國民會議議長，並徵調任何數量的軍隊來保護議會安全就得了。由於當時盛加尼埃尙實際指揮軍隊及巴黎國民警衞軍，他正等待與軍隊一起被召來救助國民會議，所以秩序黨之能夠如此做，更是無疑的。波拿巴派的報紙甚至不敢置疑於國民會議的直接徵召軍隊的權利，在這種局勢之下，法律上的顧忌是不會有什麽成功的。如果考慮到下列事實，卽：波拿巴要化八天工夫，找遍全巴黎，最後才找到兩位將軍巴拉該·提耶（Baraguay d'Hilners）與聖·戎·董曰利（Saint Jean d'Angely）願意副署罷免盛加尼埃之命令，那就可以知道，軍隊之會服從國民會議命令是很可能的。但是如果考慮到下面的事實，卽：在八天之後，有二百八十六個議員脫離秩序黨，而山岳黨則於一八五一年十二月在最後的決定的時間，還在反對上述的提議，那末，秩序黨要在自己隊伍中和在議會中找到作出這種決定所必需的票數，是極成問題的。可是城主們（指秩序黨——譯者）現在也許還可能做到，把他們黨內羣衆底英雄精神激發起來，這種英雄精神就是在於藏身於刺刀之後，並接受投到他們陣營中來的軍隊的効勞。可是城主們並不這樣做，他們於正月六日晚上跑到伊利塞宮，希望以外交詞令與治國理由去遊說波拿巴，要他放棄罷免盛加尼埃的決定。你想勸說誰，你就承認他是局勢底主人。這一步驟使得波拿巴覺得有把握，他於是就在正月十二號任命新內閣，舊內閣底首領傅爾特與巴羅士，依然留任。聖·戎·董曰利被任爲陸軍部長，『顧問報』發表罷免盛加尼埃之命令，他的職權分割爲二：第一師團底指揮權歸於巴拉該·提耶，國民警衞軍底指揮權歸於培羅（Perrot）。『社會底堡壘』被免職；如果這並沒有使瓦片從屋頂落到頭上，那末，這却使交易所的股票市價上升起來。

軍隊以儘加尼埃爲代表，願聽秩序黨使用，可是秩序黨却加以拒絕，因而它就無可挽回地屈服於大總統之下，這樣，秩序黨就表明出資產階級已經喪失了統治的能力了。議會內閣已經不存在了。秩序黨現在既已喪失對於軍隊與國民警衛軍的權力，那末，它還留有什麼力量，使它能夠同時維持議會對於民衆底篡奪的權力，以及議會對抗大總統的憲法權力嗎？沒有。它現在只能訴之於無力的原則，這些原則，曾經時常被它自己解釋成爲只是一般的規則，以便叫別人遵守這些規則，而自己的行動則可以更加自由。儘加尼埃之被免職與軍權之落入被拿巴手中，結束了我們所研究的時期（即秩序黨與行政權力鬥爭的時期）底第一部份。現在當秩序黨已經失去了武器與兵士之時，兩個權力間的戰爭，就公開宣布，公然進行。國民會議沒有內閣、沒有軍隊、沒有民衆、沒有輿論。在五月三十一日選舉法之後，它就已不再是擁有主權的國民底代表者，它沒有眼睛、沒有耳朵、沒有牙齒、沒有一切，它已逐漸轉化成爲一個**舊的法國議會**，❸讓政府行動，而讓自己僅僅滿足於事後的訴苦式的抗議。

秩序黨以怒氣衝衝的風暴，迎接新的內閣。培都將軍（Gen. Bedeau）重提舊事，指責常務委員會在休會期間態度軟弱，並且過於寬大，以致拒絕發表自己的議事記錄。內務

❸ 馬克思是指法國革命前的議會，那時的議會是最高法庭。它們有權登記新的皇令；在不同意時，它們只能向國王提出意見書，請求將該命令撤消。事實上舊的法國議會並沒有什麼權力，因爲國王時常能强制議會服從。——編者註

部長，現在自己堅持主張公布常務委員會底議事記錄，這種記錄，到了現在，當然是已和死水一樣的陳腐，是已不會暴露什麽新的事實，並且是已對於厭倦的民衆絲毫沒有影響的了。根據黎牟薩（Remusat）之動議，國民會議退而召開各委員會，並任命一個『非常處置委員會』。巴黎很少越出其日常生活的常軌，因爲在這個時候，貿易繁榮，製造廠很忙，糧價很低，食品豐富，儲蓄銀行每天收到新的存款。議會所大吹大擂的『非常處置』，只儘於正月十八日所提出的對內閣不信任案的表決，可是却沒有隻字道及爵加尼埃將軍。秩序黨之所以不能不採用這樣的不信任案的形式，正是因爲它要爲自己取得共和主義者底票數，這些共和主義者，在內閣的一切處置中，所唯一贊成的，只有爵加尼埃之免職，同時，對於內閣的其他一切處置，秩序黨在事實上也不能加以非難，因爲這些處置正是秩序黨自己所指使的啊。

正月十八日的不信任案以四百五十票對二百八十六票通過了。這樣，不信任案只是由於極端的正統派和奧爾良派與純粹的共和派和山岳黨聯合，才得通過的。因此就證明了，秩序黨不只失去了內閣，不只失去了軍隊，而且在他們與波拿巴的衝突中，還失去了他們獨立的議會的多數；證明了，有一部份議員，由於迷信於和解，由於懼怕鬥爭，由於疲勞倦怠，由於顧及家庭親戚的國家薪俸，由於想念內閣空缺（如巴洛），由於露骨的利己主義（這種利己主義，經常使普通的資產者爲個人的某種動機而犧牲自己階級底一般利益），而逃開了秩序黨底陣營。波拿巴派的議員們，自從最初時候起，就只在進行反對革命的鬥爭時，才屬於秩序黨。天主教的首領蒙塔隆培爾（Montalembert）在那個時候已經把他的勢力，加到波拿巴這一方面了，因為他對於議會黨派的生活力，已經失望了。最後，秩序黨底首領，替亥爾與柏耶，奧爾良派與正統派，被迫不得不公開宣稱自己是共和主義者；不得不承認他們底心是保皇主義的，而他們底頭是共和主義的；不得不承認議會制的共和國是全體資產階級的統治之唯一可能的形式。總起來說，他們被迫不得不在資產階級自己的眼前，咒罵他們在議會背後所不屈不撓地努力着的復辟計劃，是既危險而又無意義的陰謀。

一月十 八日的不信任案打擊了 內閣而不是打擊了大總統。可是罷免盛加尼埃的，卻並不是內閣而是大總統。秩序黨不是應當以波拿巴 的復辟意圖為理 由而彈劾波拿巴本人嗎？可是波拿巴的復辟意圖不過是補充秩序黨自己的復辟意圖罷了。是以波拿巴在閱兵和『十二月十日會』中的陰謀為理由來彈劾波拿巴嗎？可是秩序黨是老早已把這些問題埋藏於簡單議事日程之下了。是以罷免一月二十九日與六月十三的英雄（指盛加尼埃——譯者）（這人在一八五〇年五月曾威嚇說，當暴動發生時，他將四處放火來燒巴黎）作為理由來彈劾波拿巴嗎？可是秩序黨在山岳黨中的同盟者與卡凡湼克（Cavaignac），卻甚至不許它對於倒台的『社會底堡壘』正式表示弔意。秩序黨自己不能否認大總統有根據憲法罷免一個將軍之權。它所氣憤的，只是在於大總統把這種憲法上的權利，作了反對議會的用途。可是秩序黨不是也不斷地把它的議會特權作了違反憲法的用途，尤其是廢除普選制嗎？因此秩序黨只得嚴格遵照議會的範圍來行動。自一八〇八年以來，在全歐洲大陸上流行了一種特殊的病，即議會的白癡症，染了這種病的人，迷於想像的世界，失却了一切意識、一切記憶、一切對於外間粗陋世界的理解；只有這種議會白癡症，才可以說明，爲什麼秩序黨（它親自毀壞了議會勢力的一切條件，而且它在反對其他階級的鬥爭中，也不能不加以毀壞）還把它的議會底勝利當作勝利，還把對於大總統底內閣閣員的打擊當作對於大總統的打擊。這樣做來，秩序黨只是給大總統以一個機會，使他能在全國面前重新凌辱國民議會罷了。一月二十日，『顧問報』宣布內閣底全體辭職已被照准。波拿巴藉口已經沒有任何議會黨派擁有議會的多數（如一月十八日的投票，即山岳黨與保皇黨聯合的結果所證明的），藉口等候新的議會多數之形成，而任命了一個所謂過渡的內閣，這一內閣底閣員，沒有一人是議會議員，全數都是絕對無名的微末的人物，這一內閣只是事務員與抄寫員的內閣。秩序黨現在可以與這些木偶玩得興盡力竭了；行政權力，已不再認爲値得在國民會議中有其眞的代表了。波拿巴底內閣閣員越是純粹的傀儡，波拿巴就越是明顯地把行政權力集中於自己的身上，就越是容易地利用行政權力來達到自己的目的。

秩序黨爲報復起見，與山岳黨聯合，否決了『十二月十日會』底首領（即波拿巴—— 譯者）命令其內閣事務員向議會所提出的給予大總統以一百八十萬法郎贈金之提案。這一次决定問題時，只有一百零二票的多數。所以，自一月十八日以後，秩序黨又喪失了二十七票；秩序黨底解體是在前進了。同時，爲着使人對於秩序黨與山岳黨之聯合底意義，不致一剎發生誤解起見，秩序黨甚至拒絕了爲一百八十九名山岳黨員所署名的大赦政治犯之動議。只要內務部長（某一名發伊斯 Vaiise 者）一宣布，說安靜只是表面上的安靜，說強大的秘密鼓動正在展開着，說秘密團體正在到處組織，說民主主義的報紙準備復刊，說各縣來了不利的消息，報告日內瓦亡命者們所指揮的陰謀，經過里昂，傳播於法國南方全部，說法國瀕於工業的和商業的危機，說魯貝(Roubaix)的工廠主們縮短工作時間，說培爾意萊的犯人已起暴動，只要無名小卒的發伊斯一召喚赤色巨影來，秩序黨就立即不要辯論、不經辯論而拒絕上述的動議（即上述大赦政治犯的動議——譯者）。這一動議如果通過，是一定能使國民會議獲得極大的人望而且會使波拿巴重新投入它的懷抱中的。秩序黨本不應爲行政權力所描繪的新的風潮底遠景所威嚇，它應當給階級鬥爭以一些活動的餘地，以便這樣使行政權力依賴於它。可是秩序黨感覺自己不配担當這樣的玩火的任務。

在這個時候，所謂過渡內閣，繼續苟延到四月中旬。波拿巴不絕地以新的內閣底組織來疲勞和愚弄國民會議。他一時好像要組織一個拉馬丁（Lamartine）與俾約（Billault）的共和黨內閣；一時又要組織一個議會派的內閣，巴洛也免不了有個份兒（每逢需要一個易於受欺的人物時，一定不會漏去巴洛的名字）；一時又要組織瓦特跌尼爾（Vatimesnil）與達齊（Benoit d' Azg)的正統派內閣；一時又要把組織馬勒維(Maleville)的奧爾良派內閣。波拿巴以這種方法來使秩序黨底各派互相傾軋，並以共和黨的內閣以及必然與之相連的普選制的恢復之慘景，來使秩序黨全體驚愴，同時他又使資產階級相信，他關於組織議會內閣的認眞的努力，是被保皇黨各派底不可調和性所破壞。可是，資產階級則愈加大聲說要求『強有力的政府』。現在看來好像是越加迫近的總的商業危機，在城市中，為社會主義招收了新信從者，而使得農民破產的低賤的穀價，則在農村中為社會主義招收了新的信從者；在這樣的時候，資產階級認為使法國陷於『沒有行政』的狀態，更是不可寬恕的了。商業日益不振，失業者日益增多，在巴黎至少有一萬工人沒有麵包吃，在盧昂(Rouen)、牟爾豪森(Muhlhausen)、里昂(Lyon)、魯貝(Roubaix)、圖科因(Turcoing)、聖泰帝因(St•Etienne)、埃爾柏夫(Elbeuf)等地，許多工廠停了工。在這種情況之下，波拿巴就胆敢於四月十一日恢復一月十八日的內閣，在這內閣中，除盧蔴、傅爾特、巴羅士諸人之外，還加添了雷翁•福舍(Leon Faucher)——這位雷翁•福舍，在立憲會議底最末時期，曾因發出偽造電報，而被立憲會議全體（除內閣閣員五票之外）所一致投了不信任票的。所以，國民會議在一月十八日之打敗內閣，在三個月內之與波拿巴鬥爭只是使得在四月十一日傅爾特和巴羅士能把清教徒福舍當做他們內閣同盟中的第三人。

在一八四九年十一月，波拿巴滿足於**非議會的**內閣，在一八五一年一月他滿足於議會的內閣，在四月十一日，他覺得已有充分的力量組織反議會的內閣了，這一內閣把兩個議會（立憲會議與立法會議，共和派議會與保皇派議會）底不信任案，協調地結合於本身之中。內閣的這種次序，正是議會能夠用來測量自己生命底體溫底減退之一個寒熱表。議會底體溫，在四月末降得如此之低，使得柏星伊（Persigny）能夠在私人的會談中勸誘厥加尼埃投入大總統底陣營。他對厥加尼埃確切的說：波拿巴認為國民會議底勢力已經完全毀滅，並且已經準備好政變之後所要發表的布告。這一政變，是時刻都準備做的，而只是因為偶然緣故方才被延期了的。厥加尼埃把這個死刑的判決，告訴秩序黨底首領們，但誰相信虱子咬人會致人於死命呢？已經那麼受傷、瓦解和頻於死亡的議會，還總是把自己與『十二月十日會』底奇形怪狀的首領中間之決鬥，看成為自己與虱子中間的決鬥，而不能作別的看法。但波拿巴回答秩序黨，正如阿蓋西雷阿斯（Agesilaus）回答國王亞奇斯（Agis）一樣：『我被你看成螞蟻，但總有一天我將成為獅子』。

# 6[1]

在秩序黨枉費心思地企圖保持軍事勢力並重新奪回行政權力底最高支配權的時候，它不得不與山岳黨以及純粹共和主義者聯合，這就毫無疑義地證明了秩序黨已經喪失其獨立的**議會中的多數**。五月二十九日，單是日曆底力量，時鐘底時針，就給出了秩序黨最後崩潰的信號。自五月二十九日起，開始了國民會議生命底最後的一個年頭。國民會議現在不得不決定：憲法是照原樣存續下去呢還是加以修改呢？但是，修改憲法，這不僅是說，要在資產階級統治和小資產階級民主派統治之間、在民主主義和無產階級的無政府狀態、在議會制度共和國和波拿巴之間舉行選擇，而且是說，要在奧爾良王族抑波滂王族之間舉行選擇！這樣，在議會中間就

[1] 本章包括一八五一年四月十一日至十二月二日。詳述立憲共和國與國民立法會議第二階段之經過：在修改憲法問題上，各派發生了衝突；奧爾良派與正統派企圖合併，但告失敗。秩序黨分裂；議會與行政權決裂，波拿巴舉行政變，波拿巴勝利，議會政治告終。——譯者註

落下了引起爭執的蘋果，延燒起仇恨的火焰，使秩序黨分裂爲敵對的派別。秩序黨是不同種類的社會成份底結合物。憲法底修改問題，造成了一種政治的熱度，使得這一結合物在該熱度下重又分解爲其原來的構成部份。

波拿巴派贊成修改憲法，他們的這種意向，是很簡單地可以說明的。他們首先要廢除那禁止波拿巴再度被選的第四十五條，以延長他的權力。共和主義者的立場，也是同樣的簡單。他們無條件地反對任何修改，他們認爲修改憲法是反對共和國之全面的陰謀。既然他們在國民會議中擁有四分之三以上的票數，而且依照憲法的規定，須要有四分之三的票數的贊成，才能使修正憲法的決議發生法律上的效力，才能召集憲法修正的會議，所以，他們只要計算他們的票數，就足以確信自己的勝利了。而且他們確實相信可得勝利的。

與這些明白的立場相反，秩序黨却陷於不能解決的矛盾之中。如果它拒絕修改憲法，那末就要危及現狀，因爲這樣一做，它就給波拿巴只留下唯一的出路，即暴力的出路，並且也使法國在一八五二年五月二日這一決定的瞬間，陷於革命的無政府狀態，這時大總統已喪失其權力，議會早已沒有權力，而民衆則要重新爲自己爭取權力。如果它投票贊成修改憲法，那末它知道投票是枉然的，因爲由於共和主義者之否決，它的投票，根據憲法是一定要失敗的。如果它違反憲法而宣佈只要簡單的多數的表決，就可發生效力，那末，它自己只能希望在完全服從於行政權力的條件之下，才能壓制革命。那時，它就使波拿巴成爲憲法底主宰者、憲法修改底主宰者、而且是它自己底主宰者了。只作那部份的修改以延長大總統權力罷，這就開始了帝制的篡奪之道路。作全部的修改，以縮短共和國底存在罷，這就使保皇黨各派的要求，不可避免地發生衝突，因爲波旁王朝復辟底條件與奧爾良王朝復辟底條件，不只是不相同的，而且是互相排斥的。

議會的共和國不過是法國資產階級底兩派——正統派與奧爾良派、大地產與工業——能夠以平等權利來並肩統治的一個中立地帶。議會的共和國是他們的共同統治底必須條件；而且是使資產階級各個特殊派別底要求與社會底其他各階級同時都隸屬於他們底一般的階級利益之唯一國家形式。在作爲保皇派時，他們又重新陷入他們舊有的矛盾中，陷入於地產與金融之間的爭奪優越權之鬥爭中，而這一矛盾底最高表現，它底化身，就是他們的國王，就是他們的王朝。因此，秩序黨反對波旁王族之召回。

奧爾良派和人民代表的克里頓（Creton），曾在一八四九年、一八五〇年和一八五一年，週期地提出了取消放逐王族的命令之動議。議會同樣週期地呈現了保皇派的會議的奇觀，這種會議頑強地切斷他們被逐國王之回國道路。理查第三（Richard Ⅲ）殺害了亨利第六（Henfy Ⅳ），說他對於塵世是太過善良了，說他的地位是應在天上。保皇派宣稱法國是過於惡劣了，不能再有它的國王。他們被局勢所迫，已變成了共和主義者，並屢次承認了那種把他們國王放逐出國之人民底決定。

憲法底修改（這個問題的討論，在當前情勢之下，是不可避免的）使得共和國以及資產階級兩派底共同統治，成爲問題，並且由於君主政治底可能性，也使得會經在君主國中輪流佔着特權地位的資產階級兩派之利害矛盾與其爭奪優越權之鬥爭，也復活起來。秩序黨的外交家們，希望以兩個王朝之融合，即以各保皇黨和各王室之所謂互相合併，來調解這一鬥爭。復辟王朝與七月王朝之眞實合併，是議會的共和國，在議會的共和國中，奧爾良派與正統派的色彩消失了，各種資產者，消溶於一般的資產者之中，即消溶於資產階級的『屬』之中。可是，現在要使奧爾良派成爲正統派，要使正統派成爲奧爾良派。作爲他們矛盾化身的君主國，要能成爲他們統一之體現，他們互相排斥的派別利益底表現，要能變成他們共通階級利益底表現，君主國要能執行只有共和國（兩個君主國之廢除）才能執行的和已執行的那些事情。這就是秩序黨底博士們絞盡他們腦汁所要製造的點金石，看來好像正統派的君主國能夠變成工業資產階級底君主國，或是資產階級底君主國能夠變成世襲的地主貴族底君主國似的。看來好像當王冠只能落在一個人頭上，落在長兄頭上或者落在幼弟頭上的時候，地產與工業能夠在一個王冠之下和平共居似的；看來好像當地產沒有決心自己變成工業時，工業能夠與地產成立和解似的。如果亨利第五明天逝世，巴黎伯爵（除非他不再繼奧爾良派底國王）是不會因此之故而就變成正統派底國王的。當憲法修改問題越成爲緊要問題時，合併的哲學家們，就越高喊起來，他們有一份官式的機關日報『國民會議報』，他們甚至到現在（一八五二年二月）還在從事這種工作，——這些合併的哲學家們，用兩個王朝底對立與敵視來說明全部困難。自路易·斐立普逝世之後，❶調解奧爾良王族與亨利第五之企圖，就已開始，但與一般的王朝的陰謀一樣，調解的企圖，也只進行於國民會議的休會期間，進行於閉幕開幕中間的休息時候，進行於幕後，而且與其說是認眞從事，無寧說是對於舊時迷信的傷感主義的賣弄風情；——這種調解的企圖現在變成國家頭等重要的事件了，而且還由秩序黨在公開舞台上演，不再像向來那樣在業餘舞台出演了。信使奔於巴黎與威尼斯之間、威尼斯與克雷爾蒙特之間、克雷爾蒙特與巴黎之間。盛普爾伯爵發表一宣言，在這宣言中，他『因他全家人員之助』而宣布『全國的』（不是他自己的）復辟。奧爾良派的薩爾封提（Salvandy）跪倒於亨利第五的足下。正統派的首領，柏耶、達齊與聖普利斯特（Saint-Priest），跑到克雷爾蒙特去說服奧爾良王室，但是徒勞無功。資產階級兩派底利益，當其在家族利益、兩個王室利益底形式中尖銳化起來的時候，相互排斥旣無所失，相互退讓也無所得；——對於這點，合併論者是懂得太遲了。如果亨利第五承認巴黎伯爵爲其繼承者（這是合併論者在最好的場合所能希冀的唯一成就），那末奧爾良王室除了因亨利第五沒有後嗣之情況而能保證給它的權利外，再不能有別的任何權利，可是它却因此而喪失了它經過七月革命所奪

❶ 路易·斐立普在一八五〇年八月二十六日死於英國克雷爾蒙特。 ——編者註

取的一切權利。奧爾良派這樣就要放棄其原來的要求，放棄它在差不多一百年的鬥爭中從波旁王族老譜手裏所奪取的一切權限；並以其歷史的特權，去換得其家系的特權。所以，合併只是奧爾良王室底自願的讓位，是它服從於正統派，是它從新教的國家教會懺悔復歸於天主教的國家教會。奧爾良王室所能換得的是什麼？甚至並不是它所失的王位，而只是它所誕生於其上的王位旁的階梯。老奧爾良派的內閣閣員，基佐（Guizot）、杜查特（Duchatel）等人，他們也趕快跑到克雷爾蒙特去提倡合併，在實際上，他們只是代表七月革命後的宿醉情緒，代表對於資產階級君主國與資產階級君主制統治的失望感覺，代表把正統當作反對無政府狀態之最後護符的那種迷信。他們想像自己為奧爾良王室與波旁王室之間的調停者，實際上，他們只是奧爾良派底背叛者，而茲汪維爾親王（Prince of Joinville）就是把他們看成這個樣子的。在另一方面，奧爾良派底活躍的戰鬥的份子，梯亥爾、巴茲（Baze）等人，都比較容易地說服路易·斐立普王室，說，既然任何直接的君主制的復辟要以兩個王朝底合併為前提，而任何這樣的合併，要以奧爾良王室的讓位為前提，那末，它就應當與他們祖先的傳統，完全相符合地來暫時承認共和國，而等待能把大總統位子轉變為王位之局勢之到來。茲汪維爾要成為大總統候選人之這種傳說，散播起來了，民衆的好奇心，被激動起來了，幾個月之後，當九月間憲法修改案被否決之後，茲汪維爾的候選名單，就被公開宣布了。

這樣，不僅奧爾良派與正統派之王朝合併之企圖，歸於失敗，而且他們的議會內合併 他們共同的共和國的形式，也被破壞，而秩序黨於是又分裂成爲其原來的各個構成部份。但克雷爾蒙特與威尼斯之間的距離越大，他們的和解越不成功，桑鍵萊汪維爾的煽動越加緊，波拿巴的內閣閣員福舍與正統派之間的商議，也就越熱烈、越認眞。

秩序黨之解體，並不分成爲其原來的成份而止。兩大派各自再行分化。看來好像以前在兩大派（不論是奧爾良派或正統派）內部互相鬥爭互相排擠之舊有小派，重新復活起來，如同乾的滴虫類碰到了水一樣；看來好像他們巳重新獲得充分的生活能力，使得他們能夠形成自己的派別及獨立的對立的利益似的，正統派夢想他們又回到推勒里宮（Tuileries）與馬松閣（Pavillon Moison）間的爭執、維雷爾(Villele)與波林雅克（Polignac）間的爭執之時代。奧爾良派則追想着基佐、摩雷（Mole）、柏羅利、蒂亥爾與巴洛之間的比武之黃金時代。

秩序黨中一部份，贊成修改憲法，可是對於憲法修改底範圍，意見也不一致，他們之中一方面，有柏耶與法盧所領導的正統派與拉洛士雅科林（Larochejaquelin）所領導的正統派；另一方面，有摩雷、柏羅利、蒙塔隆培爾和巴洛所領導的疲於鬥爭的奧爾良派；這一部份的秩序黨，與波拿巴派代表

---

● 這是指在復辟王朝時代，路易十八（他居住於推勒里宮）與更反動的政策底代表亞多亞（Artors）伯爵（他居住於推勒里宮中的馬松閣）之間的衝突。 ——編者註

相商洽，提出下面這個不明確的空泛的動議：『下列署名的議員們，動議修改憲法，目的在於把國民主權底完全行使，奉還於國民』。可是，同時，他們經過他們的報告者托克維爾，（Tocqueville）之口，全體一致地聲明說，國民會議沒有權限提議取消共和國，說，這種權限是屬於憲法修改會議。此外，他們聲明，憲法只能用『合法』的方法來修改，就是說，只有照憲法所規定的有四分之三的投票贊成，才能修改。在經過了六天的激烈討論之後，於六月十九日，如所預料的那樣，憲法修改案遭了否决。投票贊成修改憲法的，有四百四十六票，但反對修改憲法的則有二百七十八票。極端的奧爾良派，替亥爾，盛加尼埃等人，與共和派及山岳黨一同投票反對修改憲法。

這樣，議會底多數，聲明反對憲法，但這憲法自己却聲明贊助少數派，並聲明少數派底决定必須執行。可是在一八五〇年五月三十一日，❶在一八四九年六月十三日，秩序黨不是曾經使憲法服從於議會的多數嗎？秩序黨向來的整個政策，不是以憲法條文服從於議會多數票决為基礎嗎？他們不是讓民主派像迷信舊約那樣也去迷信法律底文字，並為了這種迷信而處罰民主派嗎？可是，在現在，憲法之修正，只是指大總統權力之延長，而憲法之保持，則只是指波拿巴之罷免。議會聲明擁護波拿巴，但憲法聲明反對議會。所以，當波拿巴撕毀憲法時，他是依照議會底精神來行動的，當他

❶ 在一八五〇年五月三十一日，立法會議廢止了普選制。
——編者註

解散議會時，他是依照憲法的精神來行動的。

議會宣布，憲法以及與憲法相連的議會本身的統治，是已處『在多數之外』（意指不爲議會多數所贊成——譯者）了；議會以自己的決議廢棄憲法並延長大總統的權力，而同時又宣布，在議會自己繼續存在之時，憲法旣不能死，大總統權力也不能生。那些要埋葬議會的人，已經站在議會的門前。當議會正在討論修改憲法的問題時，波拿巴把態度不堅決的巴拉該・提耶撤消第一師團司令官的職位，而任命里昂的勝利者、十二月事變的英雄、他的一位手下曼紐恩將軍（Gan Magnan）繼任第一師團司令官，曼紐恩將軍在路易・斐立普時代，當布倫遠征之際，就已或多或少地因偏護波拿巴而使自己受辱了。

在其對於修改憲法之決定上，秩序黨證明出，它自己旣不知道如何統治，又不知道如何服從；旣不知道如何活，又不知道如何死；旣不知道如何保持共和國，又不知道如何推翻共和國；旣不知道如何維護憲法，又不知道如何廢除憲法；旣不知道如何與大總統合作，又不知道如何與大總統決裂。它期待什麼來解決一切矛盾呢？期待日曆，期待事變底進程。它不再說它有左右事變之力量了。這樣，它就使自己處於事變的支配之下，就是說，處於這樣一種力量支配之下，對於這種力量，它曾在反對人民的鬥爭中，節節讓出權力底屬性，直至它自己在這種力量面前也變成無力的了。爲着使得行政權力底首領能夠更安心地定下他的對付秩序黨的戰鬥計劃，加強他的攻擊手段，選擇他的工具和鞏固他的陣地起見，秩序黨决定在這緊急關頭，退出舞台，並從八月十日至十一月四日休會三個月。

不僅議會政黨分解爲其二大派，不僅每一大派在其內部又分裂成各小派，而且，議會內的秩序黨與議會外的秩序黨，也不和起來。資產階級底演說家和著作家，資產階級底講壇與報紙，簡言之，資產階級底思想家與資產階級自己，代表者與被代表者，都互相疏遠了，都不再互相理解了。

具有狹小眼界與無限熱誠的各省正統派，責難他們的議會領袖、柏耶與法盧離叛亨利第五，而投入波拿巴派陣營。他們崇拜百合花●的名緒，是相信人墮落，而不相信外交手腕的。

商業資產階級與他們政治家之分裂，是大大地更爲致命且更有决定意義的。商業資產階級，並不像正統派那樣責難他們的政治家背棄他們原則，而是相反地，責難他們的政治家固執那已變成無用的原則。

我已經指出，自傅爾特加入內閣以來，那在路易•斐立普時代，會握有一大部份政權的那部份商業資產階級，即金融貴族，已經變成爲波拿巴派。傅爾特不僅在交易所中，維護波拿巴的利益，而且也在波拿巴面前，維護交易所的利益。金融貴族底態度，在其歐洲的機關報，倫敦的『經濟家報』（Econom ist）底一段話上，最顯著地描寫出來。在一八五一年二月一日的『經濟家報』上發表了如下的巴黎通信：

● 百合花是波旁王室底徽號。　——編者註

『現在我們聽到各方面都在說法國首先要求安靜。大總統在其致立法議會的咨文中，這樣地宣布；國民講演台上，也是如此的響應；報紙上是這樣主張；教堂教壇上也是這樣的提倡；國家債券對於最小的危害安靜之事件之敏感，以及行政權力每得勝利時國家債券之堅挺，都證明了這一點。』

一八五一年十一月二十九日，『經濟家報』以自己的名義這樣地宣布道：『大總統……是秩序底保衛人，……現在歐洲的每一個證券交易所都這樣承認他。』

所以，金融貴族認爲秩序黨在議會中進行反對行政權力的鬥爭，是擾亂秩序，而加以斥責，當大總統每次戰勝那些好像是他們自己的代表們時，金融貴族就視之爲秩序底勝利，而加以慶賀。應當了解，這裏所說的金融貴族，不只是指大的國債經紀人和投機者，他們底利益與國家權力底利益一致，是顯而易見的。整個近代的金融業，整個銀行業，是與公債最密切地交織起來的。銀行資本家底一部份，必然投資於能夠迅速變成現款的國家有價證券，以取得利息。被銀行所支配的並由它們分配於商人和工業家之間的資本與存款，有一部份是從國家債券執有人底債息來的。如果不論在那個時代，國家權力底穩定，是整個金融市場與這一市場上祭司們、摩西與先知者，那末，當現在大洪水有把舊國家以及舊國債一同冲去之危險時，他們爲什麼不把國家權力底穩定更加視爲摩西與先知者呢？

工業資產階級，熱狂地渴望秩序，它對於議會的秩序黨與行政權力之鬥爭，表示憤怒。替亥爾、安格拉(Anglas)、聖柏維(St.Beuve)等人，在一月十八日他們對於盛加尼埃免職事件舉行投票之後，受到了自己的選舉人(正正是工業區域的選舉人)的公然斥責，尤其是他們之聯合山岳黨，被斥責爲對於秩序之叛變。如果像我們所已看到的，秩序黨與大總統鬥爭所引用的高慢的嘲弄與瑣屑的陰謀，不值得受到更好的待遇。那末，在另一方面，要求自己代表們毫不抵抗地把軍事力量從他們自己議會之手轉入冒險家的總統之手的那部份資產階級，更不値得爲它的利益而進行陰謀。它證明了：爲維持它的公共利益，它自己的階級利益、它自己的政治權力而進行的鬥爭，只是擾亂它的私人營業，使它操心與煩惱而已。

當波拿巴巡遊各地時，地方城市的資產階級的有名人物、市政當局、商業法庭的法官等等，幾乎沒有一個例外，都到處以極卑屈的態度歡迎他，甚至當波拿巴在提仲(Dijon)嚴厲地攻擊國民會議、特別攻擊秩序黨時，他們也還是極卑屈地歡迎他。

當生意好的時候，如像在一八五一年初那樣，商業資產階級就恐怕生意變壞，而對每一次議會鬥爭都怒氣冲冲表示反對。當生意衰落時，如像一八五一年二月末以後那樣，商業資產階級就非難議會鬥爭，說議會鬥爭是商業停滯底原因，大聲要求停止議會鬥爭，使商業能夠重新活躍起來。憲法修改之討論，正起於這個不景氣的時期。正因爲這個討論中的主要問題，是現存的國家形式的生存或死亡的問題，所以資產階級感覺它更有理由要求其代表們結束這種煩擾的過渡狀態，而同時維持原狀。這並沒有矛盾。在它看來，結束過渡狀態，正就是繼續過渡狀態，即將最後的決定拖延到遼遠的將來。維持現狀，只有兩個方法：或者延長波拿巴底權力，或者波拿巴依照憲法退位，而選舉卡凡涅克。資產階級的一部份希望後一種解決方法，可是他們除了叫他們的代表保持靜默不談迫切的問題以外，再也不知道有什麼更好的忠告可以貢獻給他們的代表了。他們以為如果他們的代表不開口，波拿巴就不會行動。他們希望有一個駝鳥似的議會，把它的頭藏起來，使得什麼都看不見。資產階級的另一部份，因為波拿巴既已坐在大總統底位子上，故希望波拿巴還當大總統，使得萬物依然不變。他們憤慨於他們的議會沒有公開地破壞憲法，並且沒有公開地不拘虛文而宣告解散。

縣議會——大資產階級的地方代表機關——在國民會議休會期間，從八月二十五日起，召開會議，他們差不多全體一致宣布贊成修改憲法，就是說，表示贊助波拿巴而反對議會。

資產階級對於它的文字上的代表者、對於它自己報紙之憤怒，比它對於議會代表之破裂，還要更為明顯。資產階級的新聞記者，每次攻擊波拿巴底篡奪慾，每次企圖在報紙上擁護資產階級底政治權利以對抗行政權力，就被資產階級法庭判處巨額的罰款與無恥的長期監禁，這不僅是使法國為之驚愕，而且也使整個歐洲為之驚愕。

如果像我所已指出的那樣，議會的秩序黨，以自己的要求安靜之呼聲，來使它自己安靜下來，如果它在反對社會其他階級的鬥爭中，親手破壞它自己的統治制度（議會的統治制度）底一切條件，而宣布資產階級底政治統治與資產階級底安全及穩固之不能兩立，那末，議會之外的資產階級羣，則以自己對於大總統之卑屈奉承態度，以自己對於議會之誹謗，以自己對於自己報紙之殘酷虐待，引起波拿巴來壓迫和消滅資產階級之說話的和寫文章的部份，來壓迫和消滅它（是指資產階級——譯者）的政治家和著作家，來壓迫和消滅它的講壇和它的報紙，而所有這一切，都是爲着使得它能夠在強有力的和不受限制的政府底保護之下，來安心地從事於自己的私人營業。它毫不含糊地宣布，它渴望擺脫自己的政治統治權，俾得擺脫統治底麻煩與危險。

這一議會外的資產階級羣，甚至反對了那種爲他們自己階級統治而進行的單純的議會鬥爭和言論鬥爭，而且已經出賣了這一鬥爭底領導者，——這種資產階級羣，現在却竟敢在事後責備無產階級沒有起來爲他們資產階級作拚命的流血的鬥爭！這種資產階級羣，每時每刻都爲最狹小的最卑鄙的私人利益而犧牲他們自己的一般的階級利益，卽是犧牲他們自己的政治利益，而且要求他們的政治代表們也作同樣的犧牲，——這樣的資產階級羣，現在却嘆息無產階級爲着自己的物質利益而犧牲了他們的理想的政治利益。他們裝得好像是善人，這種善人，被那個由社會主義者導入錯路的無產階級所誤解，且在危急之時，被其所棄。資產階級的世界，到處都響應了這種說法。自然，我在這裏並不是說德國的下流政客與精神發育不全的傢伙。我所指的，舉例說，是『經濟家報』，這報在一八五一年十一月二十九日，即在政變之前四日，還在宣稱波拿巴是『秩序底保護人』，而替亥爾與柏耶則是『無政府主義者』，而在一八五一年十二月二十七日，當波拿巴把這些無政府主義者鎮壓下去之後，則大叫『無知識的、無教育的、愚鈍的無產階級大衆』背叛了社會的『中等階級與上層階級底技能、知識、紀律、精神影響、智力源泉與道德重量』。這種愚昧、無知識、下流之羣，不是別的，正是資產階級羣自己。

確實，在一八五一年，法國確遭遇到某種小的商業危機。在二月末，顯示出輸出比一八五〇年減少。在三月，商業減低，工廠開始關門。在四月，工業區域底情況看來似與二月事變後一樣的絕望。在五月，生意還沒有好轉。到六月二十八日，法蘭西銀行庫藏中存款大量增加，匯票貼現以同樣程度大量減少，這表示了生產的停滯；只有到十月中旬，生意才再開始漸漸好轉。法國資產階級以純粹政治的原因，以議會與行政權力之間的鬥爭，以單純的過渡政治情況底不安狀態，以對於一八五二年五月二日底可怕的預想，來說明這一商業停滯。我並不否認所有這些形勢都影響於巴黎以及各地的某些工業部門底低落。但不論如何，政治局勢底這種影響，只是局部的而且是微小的。這點可以由下列的事實來最好地加以證明，即：在十月中旬當政治局勢惡化，政治的地平綫上，浮着黑雲，每一分鐘都可能從伊利塞宮（波拿巴居住地）打來雷聲的時候，商業却開始好轉起來。法國的資產者，它求『才能、知識、精神洞察力以及智力源泉』不能越出它的鼻尖，它在倫敦工業展覽會整個會期中，或是以它的鼻子來觸到自己商業不振的原因。當法國工廠關閉的時候，在英國勃發了商業破產。當法國工業恐慌在四月五月達到頂點時，英國商業恐慌也在四月和五月達到頂點。英國的羊毛工業，和法國的羊毛工業一樣，陷於不振；英國的絲業工場，也和法國的絲業工場一樣，陷於不振。如果英國的棉織工廠繼續開工，那末，他們也已不能再獲得和一八四九年及一八五〇年那樣的利潤。唯一的差別，只是：在法國，危機是工業的危機，而在英國則是商業的危機；在法國工場停閉，而在英國，則工場却擴張，不過其條件比前幾年却不利一些；在法國最受打擊的是輸出，而在英國則最受打擊的是輸入。共通的原因，自然不應在法國的政治地平綫的界限內去尋找，這是很明顯的。一八四九年和一八五〇年，是最大的物質繁榮與生產過剩之年，生產過剩底結果只在一八五一年才顯露出來。在一八五一年底年初，工業博覽會底期望，更特別加重了生產過剩。除此以外，還發生下面這些特殊的情況；最初，在一八五〇年和一八五一年，棉花歉收，隨後，人們確信棉花的收穫可以超過預期以上；最初是騰貴，隨後又突然下降，簡言之，棉花價格漲跌不定。生絲之供給，至少在法國，低於平均生產額。最後，毛織工業自一八四八年以來已異如此的擴張，使得羊毛的生產追隨不上，使得羊毛底價格與毛織物底價格相比，不合比例地騰貴起來。這樣，在上述三種供應世界市場的工業底原料上，我們就已有了商業停滯底三種材料。除了這些特殊的情況以外，一八五一年底表面的危機，不過是工業循環中過剩生產與過度投機，在還沒有集聚其所有力量來瘋狂地跑過工業循環底最後階段而重新回到其出發點（商業總危機）以前的一個停頓罷了。在商業史上的這種間[illegible]中，英國發生了商業的破產，而法國則工業本身陷於[illegible]這種停頓的原因，一部份是由於英國人在一切市場上[illegible]爭（正是在這時候感到特別難堪），迫使法國工業不得不退却，一部份是由於奢侈品工業，在每一商業停滯中特別蒙受打擊。這樣，除了一般的危機之外，法國還經歷其特有的國內的商業危機。可是，這種特有的國內商業危機，其受世界市場一般狀態之決定和制約，比較其受法國地方情況之決定和制約要大得許多。把英國資產者的判斷與法國資產者的偏見對比一下，不是沒有興味的。利物浦（Liverpool）的最大的商行之一，在其一八五一年度的商業報告中寫道：

『很少有一年像去年那樣徹底地顯示年初所抱預想之錯誤，像去年那樣完全地表明人類估計之謬誤。去年初時，幾乎人人一致預期大的繁榮，但結局顯出這一年是二十五年以來（除一八四七年之外）最使人沮喪的一年——這，自然是對商業階級而言，而不是對工業階級而言。可是，在去年底年初，確曾有足夠的根據來推測到相反的情形；生產品貯藏不多，貨幣過剩，而且終年如此；食品價格低廉，沒有發生過相反的憂慮；豐收是很確定的，在歐洲大陸有不受破壞的和平，在本國又沒有政治的或財政的擾亂；——這樣看來，商業可能空前地突飛猛晉……那末，不幸的結果，應歸因於什麼呢？我們以爲應歸因於輸出與輸入之過分龐大。……如果我們的商人自己不對活動底自由加上更嚴密的限制，那末，除了三年一度的恐慌以外，是沒有別的東西能夠約束我們的。』❶

現在請設想一下，法國的資產者，處於這一商業恐慌之中，帶着患商業病的頭腦，而磨折、攪亂、打昏這一頭腦的，却有：關於政變及恢復普選制的種種謠傳，議會與行政權力之間的鬥爭，與爾良派與正統派的陰謀，法國南部的共產主義者的陰謀，尼埃夫爾(Nievre)縣和舍爾(Cher)縣的假想的農民騷動，各個大總統候選人底自誇的廣告，刊物底吹牛的口號，共和派所提出的要以武力來維護憲法和普選制的威嚇，亡命國外的英雄們宣告一八五二年五月二日世界將告滅亡之說教，——如果設想到這種情形，那末我們就會理解到，爲什麼資產階級在這種合併、修改、延期、憲法、陰謀、聯合、亡命、篡奪和革命等非言語所能形容的囂雜的混亂中，瘋狂地向自己的議會制度共和國咆哮道：『與其是沒有終止的恐怖，還不如是恐怖的終結！』

波拿巴理解到這個呼號。他的理解力，由於債權者的不安的增長，而愈爲敏銳，這些債權者，在每天太陽一落而波拿巴當總統的最後一天（一八五二年五月二日）越加接近之

❶ 引自『經濟家報』一八五二年正月十日，第二十九頁至三十頁。——編者註

時，就看到了一種不利於他們地上匯票的星辰運動。債權者變成真實的占星家。國民會議斷了波拿巴依照憲法來延長自己權力之希望；茲汪維爾親王之立爲候選人，已不許再有動搖了。

如果有一個事變，在其還未到來時就早已有了影子，那就是波拿巴底政變。早在一八四九年一月二十九日，當他當選還沒有一個月的時候，他就已向蠶加尼埃作了政變之提議。在一八四九年夏天，他自己的內閣總理巴洛曾經以隱掩的方式說到政變底政策，而在一八五〇年冬天，替亥爾閉公開說到政變底政策。在一八五一年五月，柏塞伊曾經再度想說服蠶加尼埃來贊助政變，而『議會信使報』(Messager de L'Assemblee)則曾發表了這次會談的經過。每逢議會發生騷動時，波拿巴派的報紙就以政變相恫嚇，危機越是接近，他們的聲調便越是高昂。波拿巴每夜與時髦的男女流氓，舉行狂宴，一到午夜，當豐富的酒放鬆了他們的舌根並燃起他們的幻想時，就決定明天舉行政變。拔出劍來，酒杯相碰，把議員拋出窗外，皇袍披在波拿巴肩上，可是，一到了翌晨，妖魔重又消失，而吃驚的巴黎從不能緘口的女尼們(Vestalinen)和不慎重的武士們(Paladinen)[illegible]那裏得知它所再度逃過的危險。在九月和十月中，政變底謠言接踵而來地廣布着。同時，這

[illegible] 女尼(Vestalinen)與武士(Paladinen)是馬克思對於墮落的宮庭貴婦與貴人所作的譏刺的名稱。Vestalinen是古代誓守童貞的奉拜維斯搭女神的女尼們。Paladinen 是中古時代的武士們，爲武士道的模範的代表者。——編者註

個影子，帶上了像多色的銀板照像那樣的色彩。只要看一看九月和十月間的歐洲的報紙，就可以一字不差地看到如下的消息：『巴黎遍地流行着政變之謠言。說，首都會在晚間布滿軍隊，翌晨就會頒布命令，來解散國民會議，宣布森縣戒嚴，恢復普選制度，訴諸人民公意。說，波拿巴正在尋找執行這些非法命令的內閣閣員。』報告這種消息的通信，總是以『延期』這二個運命攸關的字眼作結。政變總是波拿巴底固定的觀念。他抱着這個觀念重回法國。他滿腦袋裝着這個觀念，使得他不斷地流露出來、洩漏出來。他是這麼軟弱，使得他不斷地放棄自己的計劃。政變底影子，如像妖魔一樣，對於巴黎人已是如此地熟悉，使得巴黎人簡直不願加以相信。可是，最後這個影子却以血肉之身出現了。所以政變底成功，既不是由於『十二月十日會』底首領的嚴密陰謀，也不是由於國民會議底出乎意料之外的受人襲擊。無論波拿巴如何洩漏祕密，國民會議如何預知此事，政變還是成功了，這種成功是已往事變過程底必然的、不可避免的結果。

十月十日，波拿巴向其內閣閣員們宣布，他決定恢復普選制；十六日，內閣閣員提出辭職；二十六日，巴黎聽知了託里尼（Thorigny）內閣之成立。警察總監卡里爾同時被莫巴(Maupas)所代替；第一師長曼紐恩調動最可靠的隊伍到首都來。十一月四日，國民會議重新開會。國民會議除了簡要的複習其已學過的課程並證明只在其死後才把它埋葬之外，再也沒有較好的事可作了。

在議會與行政權力的鬥爭中，議會所喪失的第一陣地是內閣。國民會議完全承認虛構性的託畢尼內閣爲眞實的內閣，這樣它就嚴肅地承受了這個損失。當基勞（Giraud）以新內閣名義出席時，常駐委員會報之以大笑。要這麼軟弱的內閣來進行像恢復普選制那麼強硬的措施！可是其目的却正在於：什麼事情都不在會議內做，而所做的一切事情，都反對着議會。

在國民會議復會底第一天，國民會議就接到了波拿巴的咨文，在這咨文上，波拿巴要求恢復普選制與廢止一八五〇年五月三十一日的法律。同日，他的內閣閣員提出了同樣的法令。國民會議立卽否决了內閣閣員的緊急動議，並在十一月十三日以三百五十五票對三百四十八票否决了這個法律本身。這樣，議會就再度撕毀了自己的委任狀；再度證明議會已從人民自由選舉出來的代表機關轉變成爲一個階級底篡奪的議會；再度承認議會已經親自把那種連結議會的頭部與國民的軀幹之肌肉斬成兩段了。

如果行政權力之動議恢復普選制，是離開國民會議而訴之於人民，那末立法權力之提出議院警備官法案，則是離開人民而訴之於軍隊。議院警備官法案是要規定議會有直接徵調軍隊之權，有組織議會軍隊之權。如果議會這樣地任命軍隊爲議會與人民之間、議會與波拿巴之間的仲裁者，如果議會承認軍隊爲决定的國家力量，那末，在另一方面，議會就不得不承認議會早已放棄了對於軍隊的支配權。它不立卽徵調軍隊，而却議論自己徵調軍隊之權力，這就揭露出它對於自己力量之懷疑。它否决了議院警備官法案，這就公開承認它自己沒有力量。這個法案由於只得一百零八票的少數，而遭受了失敗，山岳黨決定了它的命運。山岳黨處於步利丹驢子（Buridans Esel）的地位，但它可不是在二包乾草之間，選擇那一包較好，而是在兩陣棒打之間，決定那一陣打得更痛。一方面，怕隆加尼埃；另一方面，怕波拿巴。應當承認，這種地位，並不是什麼英雄的地位。

十一月十八日，對於秩序黨所提的市議會選舉法，提出了修正案，根據這一修正案，市議會選舉人不須要在選舉區定居三年，而只要定居一年就夠了。這一修正案，因差一票，而遭受失敗，但這一票立卽就查明是算錯了。秩序黨由於分裂為敵對的派別，早就喪失了自己獨立的議會的多數。現在表明出，在議會內一般地已經沒有任何多數可言了。國民會議已經喪失作決定的能力了。國民會議底構成的原子，已經沒有任何凝結力來把自己結合在一起了；國民會議已呼了最後的一口氣，已變成死屍了。

最後，在崩潰以前幾天，議會外的資產階級群不得不又一次地嚴肅證明自己與議會內的資產階級之決裂。梯亥爾這位議會英雄，染着議會白癡病的這種不治之症，比別人都更嚴重；他在議會死去後還與國務院一同規劃一個新的議會陰謀——卽責任法，這一法律的目的，是要把大總統緊縛於憲法底界限之內。波拿巴在九月十五日巴黎新市場舉行奠基典禮之際，像第二個馬薩尼挨羅（Masaniello）㊶似地迷住了市場

㊶　馬薩尼挨羅（一六二三年至一六四七年），他是一個漁人，在一六四七年領導那不勒斯暴動反抗西班牙統治——編者註

女子（Dames des Halles）、女漁商。對的，一位女漁商的實際力量大過十七位議主制的力量；正如在議院警備官法案提出之後，他在伊利塞宮招待尉官使他們感激不勝一樣，現在，在十一月二十五日，波拿巴又感動了集合於馬戲場上來從他手裏領取倫敦工業博覽會❶獎章的工業資產階級。讓我來引用『辯論報』所登載的他演說中的特色的一部份吧：

『這樣的出乎意想之外的成功，使我有權利可以重複地說，如果法蘭西共和國能夠一方面不受巧言惑衆者之不斷的擾亂；另一方面也不受君主制幻象之不斷的擾亂，而得追求自己真實的利益並改革自己的機構，那末的法蘭西共和國將會成爲如何地偉大。（戲院樓廳到處都是長久的響大如雷的鼓掌）君主制的幻象阻礙一切進步並阻礙工業的一切重要部門。沒有進步，而只有鬥爭。我們看到，從前熱烈擁護國王權力與國王特權之人們，現在如何在國民公會的精神下來行動，以求只要削弱那種從普選制所生的權力。（長久大拍手喝采）我們看到，最受革命苦處和最慨歎革命之人們，如果鼓動新的革命，以求只要束縛國民底意志。……我答應你們以將來的安靜。（好！好！叫好之聲如雷）』

這樣，工業資產階級就以卑屈的叫好，贊成十二月二日的政變、議會底滅亡、他們自己的統治底傾覆與波拿巴底獨裁。十一月二十五日的雷鳴似的掌聲，得到了十二月四日的

❶ 第一次世界工業展覽會，在一八五一年五月一日至十月十一日舉行於倫敦。——編者註

炮聲之回答，而叫好得起勁的薩蘭特路茲（Sallandrouze）底住宅，却受得了最多的炮彈的襲擊。

克倫威爾，在其解散長期議會（Long Parliament）時，獨自跑入議場，拿出他的錶來，不讓議會在他所規定的時限之外多存在一分鐘，他以明快的諷刺的嘲罵，把每一個議員都趕了出來。拿破崙（指拿破崙第一——譯者），比他的這一模型要來得小一點，但他也至少在二月十八日親往立法會議宣讀（雖然以焦急的口氣）立法會議底死刑判決書。第二個波拿巴，看到他所擁有的行政權力與克倫威爾或拿破崙的完全不同，他不在世界歷史底記錄中，而是在『十二月十日會』底記錄中，即在刑事裁判底記錄中，尋找他的模範。他搶了法蘭西銀行二千五百萬法郎，以一百萬法郎收買曼紐恩將軍，以每人十五法郎，外加燒酒來收買兵士，他在夜間像盜竊一樣的偷偷與他的同謀者會合，令其闖入最危險的議會首領們底住宅，把卡凡亞克、拉莫利西埃爾、勒佛羅、盎加尼埃、沙拉斯、替艾爾、巴茲諸人，從他們的床上拖起來，用軍隊佔領巴黎重要地點和議院場所，到了第二天清晨，各處牆上都貼着廣告似的告示，宣佈解散國民會議與樞密院，恢復普選制，並宣布塞納縣戒嚴。稍後他又以同樣的作風，在『顧問報』上登一個文件，說，有力的議會人物已經擔任政府顧問，而團集於他的周圍。

議會的殘餘，主要是正統派和奧爾良派，集合於第十區市廳開會，他們在『共和國萬歲！』的連續叫聲之下，通過罷免波拿巴，他們向着去市廳門前張望的群衆作了毫無效果的激烈演說，直到最後非洲射手把他們押解到多爾塞兵營，後來被裝進囚車，送入馬薩、瓦埠和文森斯這幾個監獄。秩序黨、立法會議和二月革命，就是這樣地告終了。在未作結論之前，讓我們把二月革命歷史簡要地概括如下：

一　第一個時期，從一八四八年二月二十四日到五月四日。二月時期。序幕。一般的友愛之把戲。

二　第二個時期。共和國底組織與國民立憲會議之時期。

一，從一八四八年五月四日到六月二十五日。一切階級反對無產階級之鬥爭。無產階級在六月事變中失敗。

二，從一八四八年六月二十五日到十二月十日。純粹的資產階級共和派之獨裁。起草憲法。宣布巴黎戒嚴。十二月十日選舉波拿巴爲大總統，廢除資產階級的獨裁。

三，從一八四八年十二月二十日到一八四九年五月二十九日。立憲會議對於波拿巴的鬥爭，立憲會議對於秩序黨（它與波拿巴同盟）的鬥爭。立憲會議之滅亡。共和派資產階級底倒台。

三　第三個時期。立憲共和國與國民立法會議之時期。

一，從一八四九年五月二十九日到六月十三日。小資產階級對於資產階級的鬥爭，小資產階級的民主派之失敗。

二，從一八四九年六月十三日到一八五〇年五月三十一日。秩序黨底議會的獨裁。秩序黨廢止普選制，因而完成其統治；但卻喪失了議會的內閣。

三，從一八五〇年五月三十一日到一八五一年十二月二日。議會的資產階級與波拿巴之間的鬥爭。

甲，從一八五〇年五月三十一日到一八五一年一月十二日。議會喪失對於軍隊之指揮權。

乙，從一八五一年正月十二日到四月十一日。議會企圖重新奪取行政權力但告失敗。秩序黨喪失獨立的議會的多數。秩序黨與共和派及山岳黨聯合。

丙，從一八五一年四月十一日到十月九日。企圖修改憲法，合併正統派與奧爾良派，並延長波拿巴的權力。秩序黨分解爲其各相分離的組成部份。資產階級議會與資產階級報紙對於資產階級羣之最後分裂。

丁，從一八五一年十月九日到十二月二日。議會與行政權力之公然決裂。議會被自己階級、被軍隊、被其餘一切階級所棄，執行其臨終行爲而死。議會制度與資產階級統治之覆滅。波拿巴之勝利。帝制復辟之模倣。

# 7㊟

在二月革命開端時，社會的共和國，以一種空話、一種預言而出現了。在一八四八年六月事變時，它（指社會共和國——譯者）被沉溺於巴黎無產階級底血泊中，但在往後的各幕戲劇中，它像魔影那樣地徘徊着。民主共和國出現於舞台上了。在一八四九年六月十三日，民主共和國與其四散奔逃的小資產者一同潰散，但在逃亡中它卻更加倍地大吹大擂。議會的共和國及其資產階級，佔據了整個舞台，展開其全部的表現，但在一八五一年十二月二日，它卻被埋葬於聯合保皇黨底『共和國萬歲！』之恐怖的悲鳴之中。

法國資產階級抵抗勞動的無產階級底統治，而使『十二

---

㊟ 本章評論十二月事變，指出波拿巴王朝的階級基礎。敘述法國農民在資產階級革命和無產階級革命後之地位；分析所謂『拿破崙的觀念』；分析了官僚政治、僧侶制度與軍國主義，指出了波拿巴政府底諸矛盾，指示了有名的、天才的無產階級革命必須打碎破壞資產階級國家機器的理論。——譯者註

月十日會』底首領所率領的流氓無產者掌握得政權。資產階級使得法國對於將來的赤色無政府主義的恐怖，提心吊膽，連氣都透不出來；可是當波拿巴於十二月四日命令那些被酒鼓起熱情的秩序的軍隊，射殺蒙馬特爾路上和意大利路上站在窗口前面的有名資產者時，他就為資產階級顯示了這個將來。資產階級崇拜指揮刀；指揮刀就統治於它之上。資產階級破壞了革命的報紙；它自己的報紙，也被破壞了。它用警察監視人民的集會；它的客廳，也被警察所監視了。它解散民主派底國民警衛軍；它自己的國民警衛軍，也被解散了。它宣布戒嚴令；戒嚴令也加在它的頭上了。它以軍法委員會代替陪審官；它的陪審官，也被軍法委員會所代替了。它使國民教育，受僧侶支配；它自己的教育，也受僧侶支配了。它不經過審判就把人流放；它自己也沒有經過審判而被流放了。它以國家權力鎮壓社會中的一切活動；它的社會中的一切活動也被國家權力所鎮壓。它由於熱愛錢袋，而反叛它的政治家和著作家；它的政治家和著作家被排除了，可是，在它的口被封住、它的筆被折斷之後，它的錢袋也被掠奪了。資產階級不倦地像聖亞爾森尼阿斯（Saint Arsenius）對基督教徒所高呼那樣地向革命呼道：『逃跑吧！沉默吧！安靜吧！』波拿巴也向資產階級高呼道：逃跑吧！沉默吧！安靜吧！

法國資產階級老早就已解決了拿破崙底『在五十年之內，歐洲或是共和主義的、或是哥薩克的』這個難題了。它已以『哥薩克的共和國』來解決這個難題。這上面不用什麼瑟西（Circe，荷馬史詩『奧德賽』中用魔法把人變成獸類的女巫。——譯者註）來把資產階級共和國這件藝術作品，變成爲怪物的形狀。這一共和國除了喪失其威嚴的外觀之外，再也沒有喪失什麽。近代的法蘭西，已在議會共和國的形式中，做好了現成的形狀。只要刺刀一刺，水泡就歸於破裂，而怪物就跳出來，站在我們的眼前了。

〔二月革命底直接目的，❶是推翻奧爾良王朝以及奧爾良王朝時代掌握政權的那一部份資產階級。這個目的到一八五一年十二月二日方才達到。奧爾良王室底巨大的財產，其勢力底真實的基礎，現在被沒收了；人們在二月革命後所期待的，即，自一八三〇年以來其名聲使法國厭倦的那些人們之被監禁、之被打擊、之被免職、之被放逐、之被解除武裝、之被蔑視，在十二月政變之後，是見諸事實了。但是，在路易·斐立普時代，只有商業資產階級底一部份握掌政權。其他的部份，構成爲保皇黨的與共和黨的反對派，或者完全沒有參政權。只是議會共和國才把商業資產階級底一切派別完全容納於國家底圈內。此外，在路易·斐立普時代，商業資產階級，排斥了擁有土地的資產階級，只有議會共和國才使兩者並肩而立，具有同等權利，並使七月王朝與正統王朝結婚，把財產底統治底兩個時代，融合爲一。在路易·斐立普時代，資產階級底得勢的那一部份，以王冠來掩護其統治；在議會的共和國中，資產階級底統治，當自己已把資產階級

❶ 括弧中的兩段，俄文本中沒有，茲據英文本及德文本譯出。 ——譯者註

底一切成份都結合起來之後，已把其國王擴張成爲其階級底王國，而亦裸裸地露出其頭面了。這樣，革命自己首先要創造這樣的一個形式，在這個形式下，資產階級底統治，能夠獲得其最廣泛的、最一般的和最後的表現，因而，也就能夠把資產階級底統治推翻，而使之再也不能站立起來。

〔二月對於奧爾良派資產階級（即對於法國資產階級底最有生活力的一派）所下的判決書，到現在才執行。現在這一部份的資產階級，在他們的議會中，在他們的庭訊中，在他們的商業法庭中，在他們的各地方議會中，在他們的證人地位上，在他們的大學中，在他們的講壇和法庭上，在他們的報紙和出版物上，在他們的行政收入和他們的訴訟費上，在他們的軍隊薪餉和他們的國家進款上，在他們的肉身和他們的精神上，全都被打敗了。勃朗基（Blanqui）曾經以爲解散資產階級警衛軍，是對於革命所提出的第一個要求；而這個在二月援助革命但却爲的是要阻礙革命前進的資產階級警衛軍，在十二月，就從舞台上消失了。萬神廟（Panthéon）本身變成爲一個普通的教堂。跟着資產階級底統治之被打毀，那種使十八世紀的創造者變成聖哲的咒語，也和資產階級統治的最後形式，一起被打破了。〕

爲什麼巴黎無產階級在十二月之後沒有舉行起義呢？

資產階級底傾覆，還只見之於命令；命令還沒有被執行。無產階級的任何鄭重的起義，將會重新使資產階級活躍起來，將會使資產階級與軍隊和解起來，而使工人受到第二次的六月失敗。

在十二月四日，資產階級與小商人唆使無產階級起來戰鬥。在這一天晚上，國民警衛軍有幾個聯隊答應穿着制服拿着武器到戰場上來。事情是在於：資產者和小商人從波拿巴於十二月二日所頒布的一個命令中，看到了：他廢去祕密投票，而命令他們在官式選舉名册上寫『贊成』或『反對』於他們名字之旁。十二月四日的抵抗，嚇怕了波拿巴。他叫人在當夜把宣布恢復祕密投票的布告，貼在巴黎的一切街角上。資產者與小商人以為他們的目的已經達到了。在明天早晨沒有到戰場來的，就是資產者與小商人。

在十二月一日的夜間，波拿巴以突然的襲擊使巴黎無產階級失掉他們的領袖、巷戰指揮者。無產階級既然成了一隊沒有將官的軍隊，既然由於回憶一八四八年六月、一八四九年六月和一八五〇年五月底往事，而不願在山岳黨旗幟之下來作戰，所以無產階級就讓自己的先鋒隊、祕密團體，來保全巴黎底武裝起義的名譽；這種名譽，曾被資產階級如此無氣節地交與軍隊去蹂躪，致使波拿巴後來能夠以嘲笑態度用下述理由來解除國民警衛軍之武裝，即是說：他怕資產階級底武力，被無政府主義者所濫用來反對資產階級自己！

『**這是社會主義底完全的而且是決定的勝利**！』基佐曾經這樣地描寫十二月二日底政變。但是，如果議會的共和國底傾覆，在其自身中，包含着無產階級革命勝利底萌芽，那末，其直接的明顯的結果，則是**波拿巴對於議會之勝利**，**行政權力對於立法權力之勝利**，**不以文詞掩飾的力量對於文詞力量之勝利**。在議會中，國民將他們的一般意志提高成為法律，這卽是說，把統治階級底法律，提高成爲國民底一般意志。在行政權力的面前，國民放棄了一切自己的意志，而屈服於他人底命令，卽屈服於權威。與立法權力相對比的行政權力，表現了國民不是自治而是受他人所治。這樣，看來好像法國之逃脫一個階級專制，只是爲着使自己重墜於一個人的專制之下，而且還是重墜於一個沒有任何權威的個人底權威之下似的。鬥爭好像是這麼結束的，卽：一切階級，同樣無力地同樣沉默地跪倒於槍柄之前。

但革命是要澈底的。它還是處在通過滌罪所❶的行程上。它有條有理地完成着自己的任務。在一八五一年十二月二日以前，它完成了其準備工作底一半，現在正要完成其另一半。它首先使議會底權力底於完成，以便有可能把議會的權力推翻。現在，它已經達到了這點，它就使行政權力底於完成，以便把行政權力化爲其最純粹的表現，把它孤立，把它當作自己面前唯一的靶子，以便集中自己一切的破壞力加以攻擊。當它已把其準備工作底後一半完成時，歐洲就將從自己位置上跳起來，歡呼道：老田鼠，掘得好！❷

這個行政權力，有龐大的官僚的和軍事的組織，有複雜而且是精巧的國家機器，有人數達五十萬的一羣官吏，還有五十萬的軍隊；這個可怕的寄生體，像網羅一樣地遍布於法

❶ 基督教以爲死後先於此洗淨其生前罪惡才得入天國
——譯者註

❷ 引自莎士比亞底『哈姆雷特』。原文是：『老田鼠！能掘土掘得這麼快嗎？配算一個先驅！』——編註者

國社會底身體中，塞住其一切氣孔，這樣的寄生體產生於專制君主政治底時代，即當封建制度崩潰之際，同時它促進了封建制度之崩潰。地主及城市的封建特權，轉化成爲國家權力底同樣衆多的屬性，封建的顯貴人物，轉化成爲領薪的官吏，互相衝突的中古時代主權所形成的、像一堆貨樣那樣雜亂的地圖，轉化成爲國家權力之整飭的計劃，這種國家權力底工作，像一個工廠那樣地分工和集中。第一次法國大革命，提出了任務，要破壞一切地方的、區域的、城市的和各省的特殊權力，以造成資產階級的民族的統一；這個革命不能不把絕對君主政治所已開始的中央集權更加擴展起來，同時也不能不擴展政府權力底範圍、屬性和屬員的數量，拿破崙完成了這種國家機器。正統王朝與七月王朝沒有增加什麼，只是使分工更形增加；隨着資產階級社會內分工之造成新的利益集團，因而就造成國家管理的新對象，國家機器底分工也以同樣的比例，增大起來。每一個共通的利益都立即從社會中被分割出來，而作爲一個較高的一般的利益，來與社會相對立，這樣的利益就從社會成員底自己活動的範圍中被割取出來，而被當作爲政府活動底對象。從橋樑、學校校舍、村社底公有財產以至鐵路、國有財產與法國國立大學，都是如此。最後，議會的共和國，在其反對革命的鬥爭中，除壓迫的辦法之外，還不得不同時加強政府權力底手段與集中化。一切革命，並沒有打破國家機器，而只是完成國家機器。那些交互爭奪統治權之政黨，都把這個龐大國家組織之佔有，視爲勝利者底主要的勝利品。❶

但在絕對君主政治時代，在第一次革命時期，在拿破崙時代，官僚政治不過是準備資產階級底階級統治之手段。在復辟王朝時代，在路易•斐立普時代，以及在議會的、共和

● 列寧在其名著『國家與革命』中，徵引了『拿破崙第三政變記』這一段話，寫道：

『馬克思主義，在這一段出色的文章中，較之在「共產黨宣言」裏，有了長足的進步，在「共產黨宣言」裏，關於國家問題還提得極抽象，還在最一般的概念和詞句中表現出來。在上面所徵引的一般話中，這問題就提得很具體，而且做出格外正確、肯定、實際而明白的結論，說：過去一切的革命，都使國家機器臻於完善，可是現在我們必須打碎它、破壞它。

『這個結論，是馬克思主義關於國家學說之主要的、基本的地方。而正是這個基本的地方，不僅被勢盛一時的官式的社會民主黨所忘記了，並且被第二國際最著名的理論家考茨基所公然曲解了。（我們以下要說到的）。

『在「共產黨宣言」上作了歷史底一般的總結，這些總結使人們不能不認識國家是階級統治底機關，而且得到一個必然的結論：無產階級如果不先獲得政權，不得到政治上的統治，不把國家變為「組成為統治階級的無產階級」，它就不能推翻資產階級；並且這個無產階級底國家，在其勝利之後馬下會開始衰亡，因為在沒有階級矛盾的社會裏，國家是不需要的，並且是不可能的。但是，在「共產黨宣言」中，還沒有提到（從歷史發展的觀點上來看）以無產階級的國家來代替資產階級的國家，其方式應當怎樣的這個問題。

『馬克思在一八五二年，所提出並解決了的正是這個問題。忠實於他自己的辯證唯物主義的哲學的馬克思，拿一八四八至一八五一年這個偉大的革命時期之歷史經驗，來做他學說底基礎。此處也像平常一樣，馬克思底學說是由深刻的哲學宇宙觀和豐富的歷史知識所闡明的經驗之總和。』（『國家與革命』中譯本，解放社版，第二十五頁至二十六頁。）——編者註

國時代，官僚政治無論如何努力爭求自己的權力總不外乎是統治階級底工具。

只在第二個波拿巴的時代，國家才似乎是完全獨立的。就其對資產階級的社會而言，國家機器已經把自己的地位，強固到如此程度，使得它現在已能以『十二月十日會』底首領來做自己的指揮者，這位『十二月十日會』底首領是從外國跑囘來的一個冒險家，他由吃醉了酒的軍士，抬到盾牌上，他以酒和臘腸，收買這些軍士，而且他還要繼續不斷地重新給以臘腸。由此產生垂頭喪氣的絕望，極度屈辱的感覺，這種屈辱，緊重地壓着法國底胸膛，使其透不過氣來。法國感覺自己是受辱了。

可是，國家權力並不是浮在空中的。波拿巴代表一個階級，而且是代表法國社會中人數最多的一個階級——小農。

正如波旁派是大地主底王朝，奧爾良派是金融家底王朝一樣，波拿巴派是農民底王朝，這卽是說，法國人民大衆底王朝。農民底意中人，並不是對議會屈服的波拿巴，而是把議會解散的波拿巴。城市在三年中，做到了曲解十二月十日選舉底意義，並在農民關於恢復帝國的希望上欺騙了農民。一八四八年十二月十日的選舉，只在一八五一年十二月二日的政變中才找得了自己的眞實表現。

小農構成龐大的羣衆，它的成員，生活於相彷的狀態中，但相互之間，並沒有複雜的關係。他們的生產方式，並不使他們互相往來，而是使他們互相隔離。法國的惡劣的交通工具以及農民底貧困，加重了他們的孤立。他們所耕種的小塊土地，排除了任何分工與應用科學的可能。因此，也就排除了發展底多面性，天才的多樣性以及社會關係底豐富性。每一單個農家，差不多是自給自足的；它直接生產其消費品的大部份，因此，它之獲得其生活資料，得自與社會交往者少，而得自與自然交換者多。這裏是一小塊土地、農民及其家族；旁邊又是另一小塊土地、另一農民及另一家族。幾十個這樣農家，就集成一村；幾十個這樣的村，就集合成一縣。這個樣子，法國民族底主要群衆，是由相同的數量簡單加起來的，好像馬鈴薯一袋是由袋中的馬鈴薯所構成的那樣。這數百萬家族所生活底經濟條件，誘其他們的生活方式、他們的利益以及他們的文化，與其他階級不同並與其他階級敵對地對立，那末，在這個限度內，他們就構成爲一個階級。可是這些小農之間，既然只有地方的關聯，他們的利害底同一性，既然並沒有形成一種統一、一體全國的結合或一種政治的組織；那末在這限度內，他們又沒有構成一個階級。所以，他們沒有能力用自己名義來保護自己的階級利益，不論是經過議會也好，或者經過公會也好。他們不能代表自己，他們一定要由別人來代表。他們的代表，一定要同時成爲他們的主人，成爲站在他們之上的權威，成爲無限的政府權力，來保護他們去對抗其他階級，並從上面賜給他們以雨水和日光。所以，小農政治影響之最後表現，就是行政權力使社會屈服於它。

歷史的傳統，引起法國農民對於名叫拿破崙這個人之迷信，迷信他會行奇蹟來使他們得同光榮。找到了一個人，他自稱就是這樣的人物，因爲他根據拿破崙法典（Code Napoleon）❶關於『不許尋究父方』的規定而有拿破崙之稱號。經過了二十年的流浪生活，經過了許多的奇怪的冒險之後，傳說實現了，這個人就成爲法蘭西人底皇帝。姪兒底固定觀念實現了，因爲這一固定觀念是與法蘭西人民中人數最多的階級底固定觀念相吻合的。

但是，這上面有人會反對我道：法國有一半發生了農民暴動，軍隊追捕了農民羣衆，農民大批地下獄和大批地被流放，那又是怎麽說呢？

自路易十四以來，法國還沒有看到過，農民因『巧言惑衆的陰謀之故』而受如此的迫害。

但請不要誤解。波拿巴王朝並不是代表革命的農民，而是代表保守的農民；並不是代表要衝出他們社會生存條件（小塊所有地）之農民，而是代表要鞏固他們小塊所有地之農民；並不是代表要以自己力量與都市聯合來推翻舊秩序之農民，而是相反地代表被愚魯地束縛於舊制度中的、想由帝國底魔影來拯救並賜惠他們以及他們小塊所有地之農民。波拿巴王朝並不是代表農民底啓蒙，而是代表農民底迷信；並不是代表農民底理性，而是代表農民底偏見；並不是代表農民底將來，而是代表農民底過去；並不是代表農民底近代色

---

❶ 法國的民法，頒布於一八〇四年三月三十一日。

——編者註

❷ 在十八世紀初期，色芬(法國南部，蘭圭多克)發生了農

芬（Cevennes），❷而是代表農民近代的樊台（Vendee）。❸

議會共和國的三年的嚴酷統治，使一部份的農民擺脫了拿破崙的幻想，使他們革命化了（雖是那時還只是表面上的），可是當他們每次起來運動時，資產階級就用暴力把他們鎮壓下去。在議會的共和國之下，法國農民底近代意識與其傳統意識進行了鬥爭；這一鬥爭表現於鄉村學校教師與僧侶之間的不斷鬥爭之形式上，資產階級推倒了學校教師。農民第一次作了努力，以圖對於政府的行動，採取獨立的地位。這表現於村長與知事之間的不絕的衝突上。資產階級把村長免職了。最後，在議會的共和國時期，法國各地農民，起來反對他們自己的子息——軍隊。資產階級以戒嚴與死刑來懲罰他們。這一資產階級，現在却高喊群衆底愚昧，高喊可惡的群衆把它（資產階級——譯者註）出賣給波拿巴。資產階級親自以暴力加強農民階級底帝國主義，❹資產階級熱烈保持那些形成這種農民宗教誕生地之條件。當然，在民衆還是保守的時候，資產階級不得不害怕民衆底愚昧，可是在民衆一旦變成革命的時候，資產階級却又害怕民衆底有見識了。

在政變以後所發生的各地武裝起義中，法國農民底一部份手拿武器來反對他們自己在一八四八年十二月十日的投票。他們自一八四八年以來所進過的學校（指農民在一八四八

民的武裝起義，其口號是『打倒租稅！信仰自由！』——編者註

❸ 樊台農民，是第一次法國資產階級革命時代，在政治上最落後的一部份農民，他們擁護保皇黨的反革命。——編者註

❹ 此處所謂『帝國主義』，意指對於帝國的感情。——編者註

年以來所得到的經驗教訓——譯者註），使他們聰明了。但他們把自己賣給了歷史的黑暗勢力；歷史逼他們履行約言：農民底大多數，那時還是不自覺的，這樣就使得恰恰是那些最赤色的各縣的農民，公然投了贊成波拿巴的票。◎依照農民底意見，國民會議是妨礙了波拿巴底前進。現在波拿巴不過是打破了都市對於農村意志所加底羈絆。在有些地方，農民甚至抱着這樣的荒唐的思想，即召集一個國民公會（Convention）◎與拿破崙並存。

在第一次革命（指法國大革命——譯者）已使農民從半農奴轉化成爲自由的土地所有者之後，拿破崙鞏固了並規定了一些條件，使在這些條件之下，農民能夠不受障礙地利用他們所剛才得到的法國土地，並滿足自己的少壯的所有慾。可是現在法國農民破落的原因恰正是他的小塊土地、土地所有底分散，即拿破崙在法國所固定的所有形式。也正是這些物質條件使法國封建農民轉爲小農並使拿破崙成爲皇帝。只要二個世代，就足以形成下列的不可避免的結果，即：農業

◎ 在政變之後，舉行了公民投票；極大多數的票贊成重選波拿巴爲大總統，這樣，公民投票就批准了波拿巴底政變。

——編者註

◎ 國民公會是第一次法國資產階級革命中的革命的代表會議。它是在一七九二年九月，當君主政府已被推翻而共和政府已經成立的時候召集的。在一八九三年五月三十一日至六月二日吉倫特黨被逐之後，革命的小資產階級底代表——雅可賓黨就在國民公會中佔多數。國民公會以獨裁的手段實行了革命的措施。

——編者註

底累進的惡化與耕種者底累進的負債。『拿破崙式的』所有形式，在十九世紀初會是法國農村人口之解放和富裕之條件，可是在這一世紀的經過中，卻轉變為他們之奴隸化和貧窮化之法則。而第二個波拿巴所要堅持的『拿破崙觀念』底第一個，却正是這一法則。如果他還懸想和農民一樣地抱着這個幻想，以為農民破落的原因，不是在於這小塊土地的所有制度，而是在於這種土地所有制度之外的次要的情况底影響，那末，他的實驗，一遇到生產關係，就將像肥皂泡一樣地破裂了。

這小塊土地所有制度的經濟發展，使得農民與社會其餘階級之關係，基本改變了。在拿破崙時代，農村中土地所有底分散，補充了城市中的自由競爭與正在興起的大工業（甚至對於農民階級的優遇，也是對於新的資產階級制度有利益的。這個新造成的階級，是資產階級制度在城市城門之外的全面的擴展，是資產階級制度在全國規模上的實現）。①這個階級，是對於剛被推翻的地主貴族之普遍抗議。（如果這個階級，首先受到優遇，那末，這個階級亦就首先提供反對封建土地底恢復之進攻據點）。

這種小塊土地所有制在法國土地上所生的根，剝奪了封建制度底一切營養物。小塊土地底分界石，成為資產階級抗禦其舊日統治者的任何攻擊之自然堡壘。但在十九世紀的經過中，封建的領主，被城市的高利貸者所代替；土地上之封

① 在這一頁上以及後兩頁上有方括弧的句子，是恩格斯因檢查之故而從德文第三版删去了的。 ——編者註

建義務，被土地的抵押所代替；貴族的土地所有權被資產階級的資本所代替。農民底小塊土地，現在只是一個口實，在這個口實下，資本家可以從土地上取得利潤、利息和地租，而耕作者如何取得自己的工資却還要自己想辦法。法國土地所負担的抵押債務，每年從法國農民抽取如此多的利息，使其數額，簡直與英國全部國債底每年債息相等。小塊土地所有制底發展，不可避免地引到這樣被資本奴役的狀態；這種小塊土地所有制把法國民族的大多數人轉化成爲穴居人。一千六百萬的農民（包括婦女與小孩）居住於洞穴中，大部份的洞穴，只有一小窗，其他的只有二個小窗，最好的只開三個小窗。而住屋之必須有窗，正如頭腦之必須有五官一樣。資產階級制度，在十九世紀初，令國家保護新興的小塊所有地，並以月桂冠作爲它的肥料；這種資產階級制度已經變成爲吸血鬼，把小塊所有地底血液和腦髓都吸盡，而後把它投入資本底煉金的鍋中。拿破崙法典●現在只是執行法庭判決書、查封財產與強制拍賣之法典。在法國，除了官場承認的四百萬（包括小孩等等）乞丐、流氓、犯罪者和賣淫婦之外，還有五百萬人瀕於破滅，他們或者是居住於農村，或者是帶着他們的破爛衣服和小孩不斷地從農村跑往城市、從城市跑往農村。所以，農民底利益，已不再是像拿破崙時代那樣，與資產階級底利益相協調、與資本相協調，而是與資產階級底利益相對立、與資本相對立。因此，農民在城市**無產**

● 拿破崙法典是在拿破崙時代所制成的法國的資產階級的法典。 ——編者註階級的身上（城市無產階級底使命是推翻資產階級的制度）找到他們的自然的同盟者和領導者。可是，強有力的和無限制的政府（這是第二個拿破崙所要實現的『拿破崙觀念』底第二個），是負有使命要以武力來保衛這種『物質的』制度。而且，真的，這種『物質的制度』，成了波拿巴反對暴動農民的一切布告的警語。

除了資本所加於小塊所有地的抵押債務以外，小塊所有地還負着賦稅之重担。賦稅是官僚、軍隊、僧侶和宮廷之生活源泉，簡言之，卽行政權力底整個機構之生活源泉。強大的政府與繁重的稅租，是相同的概念。小塊土地所有制度，在其本性上，是全能的和無數的官僚之適當基礎。它在全國中造出關係和人物底齊一的水準。因此，它也就使得有可能往一個最高的中心來對齊一的羣衆底一切方面發生齊一的作用。它消滅了民衆與國家權力之間的貴族的中間層段。所以它也就在一切方面引起了這個國家權力底直接干涉以及國家權力底直接機關底干涉。最後，它造成了失業的過剩的人口，他們不論在農村或城市都無地可容，因此他們營鑽官職，把官職當做一種高尙的施捨物，因而引起官職底增設。

（在拿破崙時代，這種人數衆多的官吏，不僅是直接生產的，因爲他們經過國家底強制手段，以公共工程等等形式，爲新興的農民階級執行資產階級以私營工業方法所未能完成的事情。國家賦稅是維持都市與農村中間的交換之一種必要的強制手段。否則，小塊土地底所有者，將一定會滿足於他們素樸的自給自足狀態，而切斷他們與城市的聯系，如像挪威和瑞士一部份地方之間的情形一樣。）

由於拿破崙以刺刀開闢了新的市場，並掠奪了歐洲大陸，拿破崙因此就連本帶利地歸還了他們強制徵收的賦稅。拿破崙的賦稅，曾是對於農民產業之刺激物，可是在現在，賦稅却奪去了農民產業底興發的資源，而使他們完全無力抵禦貧困。『拿破崙的觀念』中最適於第二個波拿巴心情的，是穿得好吃得好的龐大官僚群。既然波拿巴不得不在社會底現實各階級之旁，造出一個人造的等級，而對於這個人造的等級，波拿巴統治之維持乃係他們的麵包問題，既然如此，那末事情怎能不成這個樣子呢？這就是為什麼波拿巴最初財政設施之一，就是把前所減低官吏薪俸，重又增加到舊時的數額，並且增設了新的冗職。

另一個『拿破崙的觀念』，是以僧侶的統治作為政府的工具。可是，如果新生的小塊所有地，在它與社會相協調、依賴於自然力、並對保護它的上級權力採取服從態度的時候，是自然相信宗教的話，那末，在它被債務所破毀、與社會及政權不和、並被驅迫而超出其自己狹小界限的時候，它自然就變成不信宗教的了。天是剛才獲得的小塊土地之極好附加物，尤其是因為天會給予日光與雨水；但一朝硬要把天作為小塊所有地之代替品，那它就變成一個侮辱了。那時，僧侶就成為地上警察底塗了油的獵狗，——這也是『拿破崙的觀念』（在第二個波拿巴之下，僧侶底使命，並不是像在拿破崙之下那樣，是監視農民制度在城市中的敵人，而是監視波拿巴在農村中的敵人。）羅馬遠征，下一次將進行於法國自

己的國內，但這却與蒙塔隆培爾（Montalembert）先生所想的意思相反。◎

最後，『拿破崙的觀念』底頂點，是軍隊之佔據優越地位。軍隊是小農底名譽問題，軍隊使農民自己變成英雄，這些英雄保護他們新的財產使之不讓外敵侵害，發動他們剛才所獲得的民族性，掠奪世界，並使世界革命化。制服是他們自己的大禮服；戰爭是他們的詩歌，在空想中擴張着和圓滿着的小塊所有地，是他們的祖國，而愛國主義則是財產意識底理想的形式。可是現在法國農民爲着保護自己財產而所要反對的敵人，却並不是哥薩克，而是承法吏和收稅吏。小塊所有地，已不再是位置於所謂祖國之內，而是位置於土地抵押簿之中了。軍隊本身已不再是農民青年底鮮花，而是農民流氓無産者底臭花了。軍隊大部份是由代役者、代替人所構成的，正如第二個波拿巴自己只是一個拿破崙底代役者、代替人一樣。現在，軍隊之實行英雄行動，是在於把農民當做羚羊一般大舉追獵，是在於執行其憲兵的職務；所以如果『十二月十日會』首領（指波拿巴——譯者）的體系裏面之內部矛盾，把他（指波拿巴——譯者）逐出法國境外，那末他底軍隊，在幹了幾樁強盜行爲之後，是不會收穫到月桂冠，而只會收穫到痛打的。

◎ 戰鬥天主教黨底首領蒙塔隆培爾，曾在討論廢止普選制時，起來發言，主張在法國『國內』有舉行羅馬遠征之必要——其意思是擁護羅馬教皇和天主教僧侶。反之，馬克思所說的羅馬遠征，是指反僧侶的鬥爭。 ——編者註我們看到：一切『拿破崙的觀念』都是尚未發展的、少壯時代的小塊所有地底觀念；對於已經衰老的小塊所有地，這些觀念，是一種荒唐；這些觀念只是小塊所有地底臨死掙扎的錯覺，是變成空話的字句，是變成魔影的神靈。但要使法國人民大衆解脫傳統的重壓，要使國家權力與社會之間的對立以純粹的形式表現出來，帝國底滑稽模仿是必要的。隨着這小塊土地所有制之日益潰滅，建築在其上面的國家結構也要崩潰。軍事的、官僚的政府機構，是在反對封建制度的鬥爭中鍛鍊成功的，而近代社會所需要的國家中央集權，則只有在軍事的、官僚的政府機構底廢墟之上建立起來。

（國家機器底打碎，並不危及中央集權。官僚制度不過是中央集權底低級的、粗野的、還被其對立物（封建制度）所傾覆的一種形式。在對於拿破崙的王政復古感到絕望之時，農民將拾棄自己對於自己小塊所有地之信仰，於是建築在這小塊所有地之上的整個國家構造，也就要崩潰了，那時無產階級革命，就得到了合唱，而如果沒有這合唱，那末，在一切農民國度中無產階級的革命底獨唱，就會變成哀歌。）

法國農民底關係，給我們解答了十二月二十日和二十一日的總選舉底謎：這次總選舉把第二個拿破崙引上西奈山(Berg Sinai)，但他不是去受法律，而是去授法律（『舊約』謂：摩西在西奈山上，上帝授與十誡——譯者註）。

（確實地，在那些命運攸關的日子，法國民族犯了反對民主主義的重罪；民主主義每天跪着祈禱道：神聖的普選，替我們說項說項罷！自然，普選制底信仰者們，不願放棄普選制具有奇蹟力量的這個念頭，這一奇蹟力量，已經對於他們自己做了如此偉大的事情，它已經把第二個波拿巴變成拿破崙，把撒耳(Saal)變成保羅（Paul），把西門（Simon）變成彼得（Peter）。民衆底精神經過投票箱向他們所說的，正如預言者埃斉基爾（Ezekiel）底神向枯骨所說的那樣：『主耶和華對這些枯骨這樣地說：『看，我將把氣息吹給你們，你們就活了。』

顯然地，資產階級現在除了選舉波拿巴之外，再也沒有別路可擇了。（專制主義呢？還是無政府狀態呢？資產階級自然投票贊成專制主義。）當清教徒在康斯坦士宗教會議上對教皇底淫亂生活表示不滿，並哭訴有道德改革之必要時，主教達愛伊（Pierre d' Ailly），向他們呼叱道：『現在只有魔鬼本身才能拯救天主教會，而你們却要求天使。』法國資產階級在政變之後，也同樣地高喊道：現在只有『十二月十日會』底首領才能拯救資產階級社會！只有竊盜才能拯救財產；只有偽誓才能拯救宗教；只有私生子才能拯救家庭；只有無秩序才能夠拯救秩序！

波拿巴以執行權力之資格，已經成爲一種獨立的力量，他認爲自己負有保護『資產階級制度』之使命。但這個資產階級制度底力量，却是在於中間階級。所以波拿巴把自己視爲中間階級底代表者，而發表了合乎這種意味的命令。可是在另一方面，他之所以成爲一個人物，完全是由於他破壞了而且每天重新破壞着這個中間階級底政治力量。所以他又把自己視爲中間階級的政治力量和文筆力量底敵人。可是他保護中間階級底物質力量；因之就使中間階級底政治力量重新發生。因此，原因必須保持，而當結果產生的時候，就必須把結果除去。但是原因和結果是免不了要混淆起來的，因爲在它們的交互作用中，原因與結果都喪失自己的區別點。新的命令，把界限磨滅了。同時，波拿巴自認爲農民底代表，一般民衆底代表，以反對資產階級，他欲使人民底下層階級在資產階級的社會範圍內過着快樂的生活。新的命令，預先使『眞實的社會主義者』驚喜於政府的聰明。但波拿巴首先感覺自己是『十二月十日會』底首領，是流氓無產者羣底代表，他自己、他的心腹人物、他的政府和他的軍隊都是屬於這一流氓無產者羣的，對於這一羣人首要的事情，就是如何爲自己謀利，如何從國庫取得加利福尼亞式的獎金。他用命令，不用命令和違反命令的方式來證實他不負『十二月十日會』首領的稱號。

這個人底滿含矛盾的任務，說明了他的政府底矛盾行動，這一政府，摸索而行，一時想要討好這個階級，在另一時候又想要討好另一個階級，一時侮辱這個階級，在另一個時候又侮辱另一個階級，結果使一切階級，一致起來與它作對，這個政府的實際上的不穩，與政府行動底妄自尊大的斷然的風度相較（這種風度是從他的伯父那裏卑屈地模仿來的），形成了一種絕頂可笑的對照。

工業和商業，即中間階級底事業，在強有力政府之下，本該像溫室中的花一樣，繁榮起來。許給了無數的鐵路讓與權。但波拿巴派的流氓無產者羣，是要使自己致富的。於是暗地裏使人知道鐵路讓與權，以便他們有可能在交易所中把讓與權作有利的投機生意。但出不起什麽資本來建築鐵路。於是以鐵路股票作抵，強要銀行借出錢來。但同時，波拿巴又要利用銀行以達到個人的目的，所以也一定要討好銀行。銀行循例公表報告之義務被免除了。銀行與政府訂立了雙方之間一方佔據便宜的契約。人民應有職業。於是下令進行國營工程。但國營工程增加了人民底賦稅負担。於是就消減食利者的進款，把五厘公債換成四厘半公債，藉以減低賦稅。但在這樣之後，中間階級也必須得到恩賜。所以，對於零星沽酒的民衆，就增加了一倍葡萄酒稅，而對於整批買酒的中間階級，則酒稅減低了一半。現有的工人團體被解散了，可是政府卻允諾在將來會有組織團體之奇蹟。農民需要得到幫助。於是建立了土地抵押銀行，以促進農民底負債化，並加速財產底集中。可是這些銀行需要被利用來把被沒收的奧爾良王室之財產，變成現金。但沒有一個資本家同意於這個在命令中所沒有提及的條件，——於是，土地抵押銀行，依然祗是一紙命令，等等，等等。

波拿巴想要成為一切階級底家長似的恩人。但他不從一個階級取得什麽，就不能給與別個階級什麽。正如在弗倫特時代，人們稱說基斯公爵(Herzog von Guise)為法國最親切的人，因為把他的一切財產，變成了他的黨徒對於他的債務；同樣的，波拿巴也想做法國最親切的人，把法國所有的財產、所有的勞動，都變成對於他自己個人的債務。他想把整個的法國都偷來，使得他能夠將它贈給法國，或者，不如說，使得他能夠以法國的錢重新收買法國，因爲他是『十二月十日會』底首領，他必須購買所有一切應當歸他所有的東西。一切的國家機關，參議院、樞密院、立法機關、法國大勳章、士兵獎牌、公共洗衣場、國營工程、鐵路、除士兵以外的國民警衛軍底參謀部以及被沒收的奧爾良王室財產、都成爲買賣的機關；軍隊中及政府機關中的每一個位置，都變成購買手段①。但這個過程中（即先把法國拿過來，然後把法國交給它自己底）最重要的地方，是在於交易所中的利息落入於『十二月十日會』底首領和會員的荷包裏了。L伯爵夫人（摩爾尼Morny底姘頭），關於沒收奧爾良王室財産，曾經俏皮地說道：『這是鷹底最初的刼掠』(Cest Le Prèmier vol de L'aigle)。② 這俏皮話對於這隻鷹（與其說是鷹無寧說是烏鴉）底每次飛翔，都可適用。波拿巴自己及其隨從，每天都互相記起一個意大利加爾特斯派僧侶勸誡守財奴（這守財奴誇耀地計算自己夠用許多年的財產）的話：『你計算你的財產，但你應當首先計算你的年歲。』他們恐怕算錯年歲，於是就計算分鐘。在宮廷中、在內閣中、在行政和軍隊的上級行政機關中，有一大羣人向前擁擠着，這羣人裏面就是最好的，也沒人知道他從何而來，這羣人穿着有金線花邊的衣服，裝出像蘇魯克（Soulonque）③底達官貴人那樣的奇形怪狀的尊嚴

① 俄文本爲『購買對象』。——校者註

② Uol 有兩個意思：『飛翔』和『刼掠』。——馬克思註

③ 蘇魯克是海地黑人共和國底大總統，在一八五〇年模仿拿破崙第一，自立爲帝，一切都效顰拿破崙。法國人民譏稱路易．波拿巴爲『法國的蘇魯克』。——編者註

樣，這是一羣喧鬧的、名譽不良的、貪婪的放浪者（Bohe-me）。如果我們注意到維浪克勒維爾（Veron-Crevel）①是他們的道德的說教者，格拉尼埃·特·卡桑渴克（Granier de Cassagnac）是他們的思想家，那末，我們對於『十二月十日會』底上層人物就能夠清楚地想像其模樣了。基佐於自己組織內閣的時候，會在一個無聊的報紙上利用這位格拉尼埃來與保皇黨的反對派相對抗，那時，基佐時常譏嘲地誇獎他，說：『他是丑角之王』。如果把路易·波拿巴的宮廷及其黨徒與攝政時代或與路易十五相並提，那是不公平的。因為『法國曾經屢次有過姘頭底政府，但從來還沒有過男妾的政府』。②

波拿巴被自身地位底矛盾的要求所驅迫，而且，同時，像一個魔術法師那樣，不得不以翻翻出新的花樣，來吸引觀衆把波拿巴當做拿破崙替身一樣的來注視；因此他每天就要舉行小型的政變；這樣，波拿巴就使整個資產階級經濟陷於混亂，他就侵犯一切在一八四八年革命中看來好像是不能侵犯的東西；他使一些人對革命表示冷淡，而使另外一些人奮起進行革命，他以序秩的名義，造成真正的無政府狀態，同時他又使整個國家機器失去其外表的聖光，把它俗化，使它

---

① 巴爾札克（Balzac）在其作品『表妹培提』（La cousine Bette）中，以克勒維爾這位角色來描寫最下賤的巴黎庸人；這位克勒維爾是以『立憲報』主人維農博士（Dr Veron）爲模特兒來描寫的。
——（馬克思註）

② 這句是引支拉丹夫人（Madame Giradin）的話。
——（馬克思註）

成爲可厭的而又可笑的東西。他在巴黎模仿德里佛斯（Treves）教堂對於聖衣底禮拜，❶而舉行了對於拿破崙皇袍的禮拜。可是，如果皇袍終於落在路易・波拿巴的肩上，那末，拿破崙的鐵像，就將從樊多姆圓柱（Vendomesaule）底頂上跌落下來。

❶ 一八四四年陳列於德里佛斯教堂以供公衆禮拜的『神聖的』遺物（『主耶穌底袍』）之一。——編者註

# 一八四八年至一八五二年
# 法國大事年表

**一八四八年：**

二月二十三日至二十五日，革命發生，路易・斐立普退位，宣佈成立共和國。臨時政府組成。決定設立國家工場以收容失業工人。

二月二十六日，改組別動警衛軍，由十五歲至二十歲的青年構成之，其成份大部份是流氓無產者出身。

二月二十八日，設立產業議會。其會場在盧森堡宮。以路易・勃朗為議長。

三月二日，頒布十小時工作制的法令。

三月五日，頒布法令，採行二十一歲以上的法國人都有選舉權的普遍的、直接的、秘密投票的選舉制。

三月八日，頒布法令，廢除對於投効國民警衛軍者之財產資格的限制。因此，工人拿到了武裝。

三月十六日，國民警衛軍中的資產階級與貴族份子

舉行示威，反對臨時政府，因臨時政府下令取消他們的特權。

三月十七日，工人舉行反示威。

四月十六日，工人在馬斯場（Champ-de-Mars）舉行示威，資產階級獲得勝利。勒特路．盧蘭被稱為國家底救主。

五月四日，國民立憲會議集會。

五月十日，舉出執行委員會，以阿拉哥（Arago）為主席。第一屆內閣組成。卡凡涅克爲軍事部長。

五月十五日，舉行示威，贊成重建波蘭。工人衝進國民會議，工人被打敗，工人領袖勃郎基與巴培被捕。在國民會議中成立了三個政黨：一，國民報派，由統一的『純粹的共和主義者』所構成，其領導者是馬沙爾（Massart）；二，山岳黨，是急進的共和主義者，帶着很濃厚的反社會主義的偏向，其領導者是勒特路．盧蘭；三，秩序黨，是各種君主政治派的混合團體，其領導者是巴拉該．提耶將軍。

五月二十八日，選舉國民立法會議。

六月二十一日，頒布法令強制把一切沒有結婚的工人趕出國家工場，並不准其加入軍隊。

六月二十三日至二十七日，發生武裝起義。六月事變。卡凡涅克率領軍隊攻擊產業工人。參加武裝起義者大批被屠殺。宣布戒嚴。

六月二十八日，卡凡涅克爲行政首領。組成新的內

閣。廢去國家工場。一切政治的俱樂部及團體都被警察所監督，社會主義的報館被封，參加武裝起義者大批被流放。

八月二十五日，路易・勃郎與考西特爾被釋出獄。

九月十七日，有五省舉出路易・波拿巴爲國民議會議員。

十一月四日，頒布新憲法。

十二月十日，路易・波拿巴被舉爲共和國大總統。他的第一屆的內閣成立，以巴洛爲首。

十二月二十六日，孺加尼埃將軍被任爲巴黎國民警衛軍及駐於巴黎的陸軍第一師司令官。

一八四九年：

正月六日，拉圖動議解散國民會議。

正月二十九日，政府企圖挑撥起新的武裝起義。行政權力與國民會議之間發生了第一次衝突，別動警衛軍被解散。

三月七日至四月二日，審判那些參與五月武裝起義的人物。勃郎基被判處十年的密室監禁。其餘的人被流放。

三月二十一日，法含提出取締結社權的法案，政治的俱樂部與團體被封閉。

四月十六日，巴洛要求通過遠征意大利軍隊的特別費用。

四月三十日，烏迪諾失敗。

五月八日，波拿巴寫信給烏提諾，在信中，大總統宣布他打算向羅馬共和國宣戰，以恢復教皇政府。勒特路•盧蘭動議彈劾波拿巴挑動進攻羅馬。這個動議被很大的多數所打消。

五月十三日， 選舉國民立法會議。秩序黨得勝，『純粹的』共和主義者失敗。新的社會民主主義黨（山岳黨與社會主義各派之聯合團體）大勝利。

五月二十九日，新舉出的國民會議開第一次會，以杜鵬爲議長。

六月十一日，炮轟羅馬，勒特路•盧蘭重提抗議。

六月十三日，烏提諾之佔領羅馬，引起了巴黎的示威，要求重新建立羅馬共和國。綏加尼埃把起義鎮壓下去，社會民主主義派的印刷所被毀。宣布戒嚴。

六月十五日，所有的社會民主主義派的報紙全被封閉，四十名議員被控，勒特路•盧蘭逃往英國。

六月十九日，通過關於政治俱樂部的新法律。

七月三日，烏提諾正式進入羅馬。

七月二十七日，通過新的出版法。

八月十二日至十月十日，國民會議閉會。舉出二十五位議員組織常駐委員會，以保衛憲法與保護共和國。委員會完全是由正統派與奧爾良派所構成。

八月十八日，波拿巴寫信給埃德加•納依說：『教皇權力底重新建立，應依照下面的方針執行之：大赦、行政底世俗化、採用拿破崙法典、進步的政府。

八月與九月，波拿巴巡行各省。

十月，通過給與爾良公爵夫人三十萬法郎。批准了通過羅馬遠征的九百萬法郎的軍費。巴洛拒絕提議增加波拿巴的公費。

十一月一日，巴洛被免職，成立新內閣。盧赫任司法部長，佛爾特任財政部長，特豪浦爾任軍事部長。

十月十日至十一月十三日，審判那些與一八四九年六月十三日示威運動有關的人物。

十二月十三日，開始對於小學教員之進攻。

十二月二十日，重新採行葡萄酒稅。

一八五〇年：

正月十四日，公共教育部長提出一個新的法案（法盧法案），把民衆教育交給教士。三月十五日由國民會議通過；三月二十七日由波拿巴批准。

三月十日，補充選舉。德佛羅特、維達爾等等被巴黎區所舉出。巴羅士任內務部長，友琴•蘇被舉出以代替維達爾。

五月三十一日，新的選舉法廢去了成年男人普選權。

六月八日，頒布放逐法。

七月十六日，頒布新的出版法，重新採行保證金制度。報館主人與編輯人存放一定金額於政府，作爲其行爲正當之保證。

八月十一日至十一月十一日，國民會議閉會。舉出

二十五人組織一個常駐委員會。這一屆委員會是由正統派、奧爾良派與溫和共和派所構成。

八月二十六日，路易・斐立普逝世，奧爾良派往克雷爾蒙特磋商調和奧爾良派與波旁派所提出的要求。同時，正統派往威斯巴登與埃姆斯，要與儘蓋爾伯爵和解；因儘蓋爾伯爵底頑梗而失敗。

八月十二日至十一月，路易・波拿巴巡遊法國，在各處演說，使人民贊成修改憲法，藉以延長其大總統期限。他在聖摩爾察托里檢閱軍隊。

十一月二日，儘加尼埃下令軍隊手持武裝時不得呼喊政治口號或舉行任何種的示威。斯藍娜代替了特豪浦爾為軍事部長。

十一月十二日，波拿巴寫信給國民會議。

十二月，曼昆因欠債被司法部長下令拘獄。國民會議對於其議員未得會議之同意而被監禁一事，感到憤慨曼昆釋放。國民會議的警官雲恩被免職。

一八五一年：

正月十日，成立新內閣，新閣閣員都是贊助波拿巴底圖謀的。

正月十二日，罷免儘加尼埃。

正月十八日，通過對內閣不信任案。

四月十日，組成反對議會的內閣。

六月一日，波拿巴在提仲（Dijon）演說，攻擊國民會議。

八月十日至十一月十日，國民會議閉會。

十月二十六日，托里尼內閣成立，聖阿諾將軍任軍事部長。

十一月四日，波拿巴要求恢復普選制。

十一月十七日，國民會議財務官提議國民會議有權調軍隊以保衛國民會議之權。這一動議遭否決。

十二月二日至二十一日，十二月二日政變。

十二月事變，路易・波拿巴解散國民會議，恢復普選權，逮捕一切政黨的領袖，召集新國民會議，國民會議通過延長其大總統任期十年，人民投票，極大多數舉波拿巴復任大總統，表示贊同波拿巴所舉行的政變。

一八五二年：

正月十四日，修改憲法。

十一月二十一日，人民投票，通過恢復世襲帝國，贊成者七百八十二萬四千一百八十九人。

十二月二日，波拿巴被舉爲皇帝，稱號拿破崙第三。

# 附　录